Nur ein paar Stündchen

Nix wie raus, ganz schnell ins Grüne. Auch mit wenig Zeit lässt sich Großartiges erleben. Kleine und große Abenteuer warten direkt vor der Haustür.

4H

Raus für einen Tag

Man muss nicht das Land verlassen, um neue Welten zu entdecken. Einfach mal einen Tag lang raus aus dem Alltagsallerlei und rein in die Natur.

12H

Ferien für ein Wochenende

Warum auf die große Auszeit warten, wenn man einen erquicklichen Wochenendtrip ins nahe Umland machen kann? Vergnügen, Abenteuer und Wohlgefühl kompakt und intensiv.

36H

LIEBE LESERIN, LIEBER LESER,

draußen sein tut gut. Endlich ist das Wochenende da oder ein freier Nachmittag und jetzt braucht es schnell eine Idee. Um auf unbekannten Pfaden zu wandern oder zu radeln, die Paddel ins Wasser zu stechen oder an einer Zipline in die Tiefe zu rauschen.

Oder aber, um sich richtig Zeit zu nehmen: für die leckeren Beeren am Wegesrand, die Begegnung mit anderen Menschen oder für die Vögel in der Luft, die sich am besten auf dem Rücken beobachten lassen. Dann ist der Kopf wieder frei und vielleicht ein neuer Lieblingsort gefunden.

Viele wunderbare Eskapaden in und um Halle und Leipzig wünscht Ihnen, dir und euch

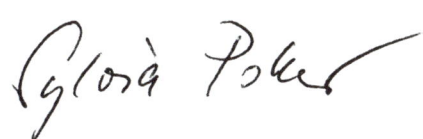

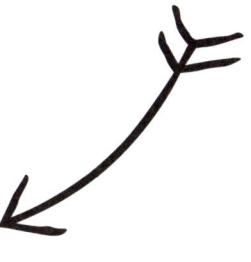

1. KAPITEL
ABSTECHER

#3
#16
#4

ZEITREISE IN DIE
VERGANGENHEIT
GEFÄLLIG? → #19

#12

HIER GIBT'S
WEITE PUR

GEHEIMTIPP
FÜR KALTE UND
GRAUE TAGE

#6
#14 #17 #21
#1
#15 #9
#2 #11 #13 #8 #5
#10 #18
#7

#20

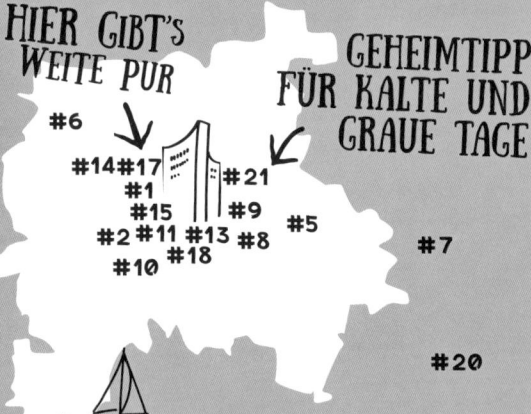

Nur ein paar Stündchen

Durch die City paddeln, beim Bummeln im Grünen botanische Wunder entdecken und nach Feierabend in einen der nahen Seen springen - die kleine Auszeit ist ganz nah.

4H

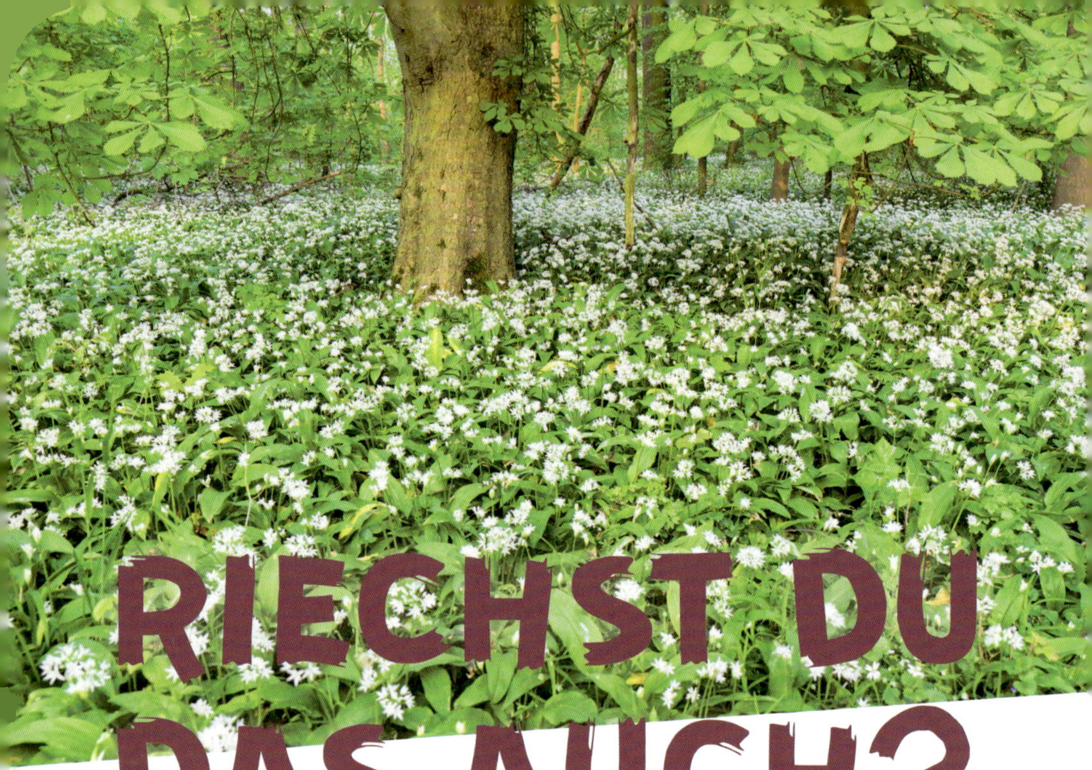

RIECHST DU DAS AUCH?

… Bärlauch-Sammeln im Leipziger Auwald

#1

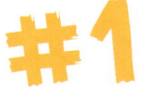

Ankommen im Frühling auf dem Leipziger Hauptbahnhof. Irgendetwas riecht hier. Für die Leipziger ist es der Geruch von Heimat. Der Besucher rätselt und schnuppert den ganzen Tag.

#immerderNasenach #BärlaucherntenimAuwald #leckerPestofürhippeFreunde

Wenn der Bärlauch blüht, ist seine kulinarische Zeit schon vorbei. Jetzt ist er ein visueller Leckerbissen.

Spätestens beim Spaziergang durch die Innenstadt und beim Lesen der Tagesangebote der Restaurants kommt auch dem Besucher endlich eine Idee, woher der seltsame Duftwind weht. Denn die Leipziger Restaurants überschlagen sich von März bis Mai mit interessanten Rezepturen: deftige Bärlauch-Rösti mit Schinken, Bärlauch-Schaumsüppchen, Bärlauch-Pfannkuchen mit Spargelfüllung – nur eine kleine Auswahl.

Jedes Jahr um diese Zeit wächst nämlich im Leipziger Auwald der Bärlauch. Im Unterholz dieser feuchten und schattigen Wälder fühlt sich die Pflanze besonders wohl. Zum Stadtwald Leipzig gehören über 1000 Hektar die-

ses Auwald-Landschaftsschutzgebietes – und der Bärlauch sprießt hier in weiten Teilen flächendeckend. Die Pflanze riecht nicht nur gut, sondern sie ist auch lecker und gesund. Seit Jahrhunderten ist der Bärlauch (Allium ursinum) als Gemüse-, Gewürz- und Heilpflanze bekannt. Er ist verwandt mit Schnittlauch, Zwiebel und Knoblauch und soll bei Magen-Darm-Störungen helfen, außerdem den Blutdruck senken, den Stoffwechsel anregen und einen positiven Einfluss auf den Cholesterinspiegel haben.

Ok, mehr Argumente braucht es nicht! Wenn das Thermometer die ersten Tage des Jahres über zehn Grad steigt, dann schnell ein Körbchen schnappen und in den Auwald radeln. Es sind sicher schon einige Bärlauch-Sammler unterwegs. Es hat sich herumgesprochen, dass

die jungen frischen Triebe besonders lecker sind. Außerdem ist es seit einigen Jahren hip, Freunde am Abend zu Nudeln mit selbst gemachtem Bärlauchpesto oder noch einfacher, angebratenem Bärlauch einzuladen. Dafür für vier Personen ca. vier Hände voll frischen zarten Bärlauch pflücken, waschen, halbieren und

Hin & Weg: Mit dem Fahrrad oder zu Fuß gelangt man schnell in den Auwald. Über das Rosental, den Clara-Zetkin-Park und den Johannapark reicht der Auwald bis an die Leipziger Innenstadt heran. Zum Landschaftsschutzgebiet gehören die Burgaue, der Elster-Pleiße-Auwald, die Lehmlache Lauer und die Luppeaue.

Beste Zeit: März und April, die jungen Triebe schmecken am besten.

Dauer: 1–2 Std.

Ausrüstung: Körbchen.

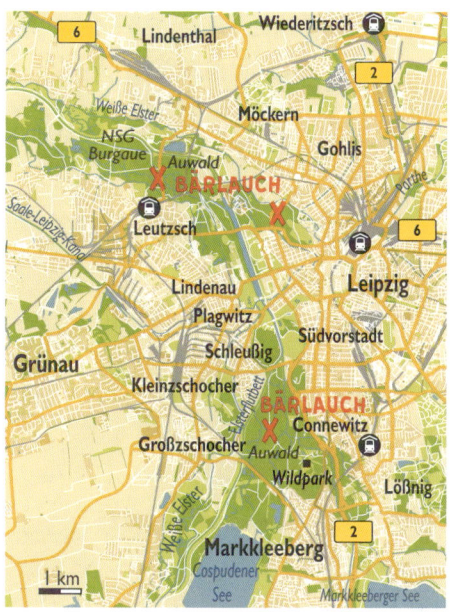

Auch im Wald gibt es Regeln: Entsprechend dem Sächsischen Waldgesetz darf jeder Bärlauch in der Größe eines Handstraußes für den Eigenbedarf ernten.

in einen Wok oder eine Pfanne mit heißem Öl geben. Nach ca. zwei Minuten ein Kilogramm klein geschnittene aromatische Tomaten dazugeben und weitere fünf Minuten köcheln lassen. Mit geriebenem Parmesan servieren.

Ab Mai ist die leckere Zeit des Pflänzchens vorbei. Dann bedecken seine weißen Blüten den Boden und verwandeln den Auwald in einen Märchenwald.

> **FAZIT: SELBST GEERNTETES GEMÜSE SCHMECKT DOCH AM ALLERBESTEN. VOR ALLEM, WENN ES AUCH NOCH GESUND IST UND MAN GANZ NEBENBEI EIN BESONDERES INNERSTÄDTISCHES LANDSCHAFTSSCHUTZGEBIET ENTDECKT.**

WURZELN SCHLAGEN IN DER STADT

 ... beim Urban Gardening in Leipzig-Lindenau

 **#2**

Gemeinsames Buddeln in der Erde verändert die Perspektive, schafft Gemeinschaft, innerstädtische Oasen und gesunde Lebensmittel. Immer populärer werden die sogenannten Stadtgärten als eine Spielart des Urban Gardening auch in Leipzig und Halle.

Der zarte Salat stand eben noch im Beet nebenan. Nun wird er den Gästen beim Gartendinner kredenzt.

Auf einer kleinen Tafel hier, im Gemeinschaftsgarten Annalinde im Leipziger Stadtteil Lindenau, steht angeschrieben, was heute erledigt werden kann: »Pflücksalat von Unkraut befreien«, »Radieschen ernten« oder »Kletterzweige für Erbsen einstecken«. Auf geht's: an die Arbeit!

In Hochbeeten wird gemeinsam gepflanzt, gepflegt und geerntet. Der Garten ist offen für alle. Unter der Woche wird gearbeitet, am Wochenende gibt es Kaffee und Kuchen. Natürlich glutenfrei und mit Früchten aus eigener Ernte.

Hier wird nicht nur auf den Teller geschaut, sondern auch weit über dessen Rand. Denn die Annalinde betreibt neben dem Gemeinschaftsgarten auch eine Gärtnerei und eine Akademie. Stets geht es um den lokalen Anbau von Lebensmitteln, um biologische Vielfalt, nachhaltigen Konsum, verantwortungsvollen Umgang mit Ressourcen und um eine zukunftsfähige Nachbarschafts- und Stadtentwicklung. Wer wissen will, wie eine fermentierte Chilisoße entsteht, wie man Haushaltsreiniger aus der Natur gewinnen kann,

Die neue Gartensaison ist eröffnet! Knackige Radieschen gibt es schon früh im Jahr.

wo es überall in der Stadt Mirabellen und anderes Obst kostenlos zu ernten gibt, oder wer etwas über die Imkerei lernen möchte, der ist hier genau richtig.

Stadtgartenprojekte gibt es viele. Die Konzepte unterscheiden sich in Abhängigkeit von ihren Machern und den Bedingungen, die von den Grundstücksbesitzern gestellt werden. Viele Gärten sind ehemalige Brachflächen, ihre Zeit im grünen Kleid währt nur kurz.

Doch die Stadtverwaltungen erkennen zunehmend den soziokulturellen Wert dieser Flächen und fördern mehr und mehr diese Projekte. Denn das Gärtnern ist eine Leidenschaft, die sich Jung und Alt teilen, die quer durch alle Gesellschaftsschichten geht und sich auch an keine Ländergrenzen hält. Verständigung ist hier möglich, auch wenn einigen Protagonisten noch die richtigen Wörter fehlen. Um Integration besonders zu fördern, öffnet Annalinde immer mittwochs den »Interkulturellen Garten«.

Große, weißbetuchte Tische stehen zwischen den Beeten, bunte Lampions schwanken darüber, wenn Annalinde am manchen Abenden zum Gartendinner lädt. Vor einem liegen dann drei Gänge unter freiem Himmel, mit leckeren und frisch geernteten Zutaten. Beste Voraussetzungen für einen appetitlichen, spannenden, lustigen und langen Abend.

Hin & Weg: Zum Annalinde Gemeinschaftsgarten (Zschochersche Str. 12 in Leipzig) kommt man mit den Straßenbahn-Linien 3 und 14 (Haltestelle Felsenkeller) und mit den Linien 3, 7, 8 und 15 (Haltestelle Angerbrücke). Oder man pickt sich auf der Karte eines der nächstgelegenen Gemeinschaftsgartenprojekte, prüft Öffnungszeiten und Konzept und fährt einfach mal vorbei. Infos gibt's unter www.annalinde-leipzig.de und www.leipziggruen.de

Beste Zeit: Die gesamte Gartensaison, aber auch im Winter gibt es viele interessante Angebote der Akademie.

Dauer: 2–3 Std.

Ausrüstung: Schlumpersachen, Sonnenhut.

FAZIT: WAS GIBT ES BESSERES, ALS ETWAS FÜR SICH SELBST UND GLEICHZEITIG FÜR DIE GEMEINSCHAFT ZU TUN, DABEI AN DER FRISCHEN LUFT ZU SEIN, ETWAS ZU LERNEN UND NEUE FREUNDE ZU FINDEN?

DER BERG RUFT

≥ ... im Hallenser Zoo ≤

Das mit den Zoos ist so eine Sache. Man mag sie – oder eben nicht, Argumente für beide Seiten gibt es genug. Der Hallenser Zoo lohnt für einen Spaziergang vor allem wegen seiner für Deutschland einmaligen Lage auf einer Bergkuppe.

Im Eingangsbereich am Fuß des Reilsberges ist alles irgendwie eng. Die Tiergehege sind klein, und die großen Tiere überfallen ihre Besucher förmlich mit den sich aufdrängenden Fragen nach artgerechter Haltung und einer plötzlichen Sehnsucht nach Freiheit.

Hat man aber die ersten Höhenmeter geschafft und die kleinen Tiergehege hinter sich gelassen, fällt auf, dass sich der Zoo serpentinenartig den Berg hinaufschraubt. Die ursprüngliche Gestaltung als klassizistischer Landschaftspark mit seinem üppigen Grün macht neugierig auf mehr.

Je höher man kommt, desto interessanter und schöner wird die gesamte Anlage. Plötzlich passt alles zusammen: die Fokussierung des Zoos auf Bergtiere inklusive der Gliederung der Tiergehege in die bedeutendsten

Gebirgszonen der Erde. Westkaukasische Steinböcke, Mähnenspringer und Blauschafe stehen auf naturbelassenen felsigen Absätzen und schauen über die Hallenser Hügelketten. Ganz weit oben, wenn auch nicht in 4000 Metern Höhe wie in ihrer Heimat, leben die sehr seltenen Wildlamas, die Vikunjas. Unter allen Tieren auf der Erde haben sie die feinste und weichste Wollfaser in ihrem Fell.

Oben angekommen, belohnt ein 40 Meter hoher Turm den Aufstieg mit einem der schönsten Ausblicke über die Stadt. Im Süden liegt einem die schöne Altstadt zu Füßen, im Norden erhebt sich der Petersberg ansehnlich aus der Tieflandsbucht, während gleich nebenan die exotischen Vögel in der weitläufigen Freilufthalle in eleganten Bögen ihre Kreise ziehen. Kurz unterhalb der Bergkuppe gibt es mehrere Cafés. Sie sind schön gelegen und laden zu

Die größten Landsäugetiere der Erde lassen sich in der modernen Elefantenanlage wunderbar beobachten.

einer Rast ein. Hier lassen sich die Hallenser herrlich beim Müßiggang beobachten.

Auf dem Weg nach unten kommt man am Gehege der Seebären vorbei. Hinter einer riesigen Glasscheibe lässt sich beobachten, mit welch unglaublicher Anmut diese Tiere durchs Wasser gleiten. Noch ein Stück weiter darf gestreichelt und gefüttert werden! Kleine Ziegen oder große Kühe, je nachdem, woran man sich traut.

Hin & Weg: Der Zoo liegt im Stadtteil Giebichenstein in Halle; von Leipzig aus: S3 oder S5 bis Halle Zoo.

Beste Zeit: Jede Jahreszeit. Besonders schön im Herbst, wenn die herrlichen Farben vieler seltener Pflanzen dem Besuch einen farbigen Spritzer geben. Öffnungszeiten unter www. zoo-halle.de

Dauer & Strecke: 2–3 Std. und 2 km zu Fuß.

Ausrüstung: Fernglas.

FAZIT: EIN TIERISCH GUTER AUFSTIEG, DER BELOHNT WIRD, NICHT NUR MIT EINER TOLLEN AUSSICHT.

VON DÜFTEN, DENKERN UND DICHTERN

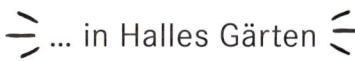

⟩ ... in Halles Gärten ⟨

Sie könnten verschiedener nicht sein. Steil der eine, flach der andere. Gut sortiert und streng angelegt oder eben wild, struppig und verwunschen. Farbenfroh und dunkel. Zwei Gärten in Halle, beide mit einer langen und interessanten Geschichte, eignen sich bestens für eine kleine Exkursion oder Verschnaufpause.

Alt, ehrwürdig und manchmal wild und urwüchsig ist der Pflanzenbestand im Reichardtschen Park.

wandelte diesen Ort in einen Garten, nach den Vorbildern in Wörlitz und Weimar, aber schnörkelloser und wilder, ohne künstliche Ruinen, abgebrochene Säulen, Freundschaftsurnen, Brücken oder Tempelpforten.

Er machte daraus eine gastliche Herberge der Romantik. Und sie kamen reichlich: Ludwig Tieck, Johann Wolfgang von Goethe, Clemens Brentano, Achim von Arnim, Jean Paul und Novalis, um nur einige zu nennen.

Auf den Spuren dieser Schöngeister wandelt man natürlich gern durch die inzwischen alt gewordenen Reichardtschen Anpflanzungen. Steile Treppen führen hinauf in eines der schönsten Stadtviertel von Halle. Von dem kleinen Platz oben an der Friedenstraße hat man noch einmal einen tollen Blick auf die Burg und die Saale, irgendwie romantisch.

Viel sachlichere, nämlich wissenschaftliche Gründe führten zur Anlage eines ganz anderen Gartens: des Botanischen Gartens von Halle. Hier kann man lernen, kosten, flanieren und in den Tropenhäusern schwitzen.

Fleischfressende Pflanzen oder die Riesenseerosenblätter bestaunen, die über 50 Kilogramm schwer werden können. Aber Vorsicht ist bei Fenchel angesagt: Während eine geringe Dosis im Tee als ausgezeichnetes Aphrodisiakum wirken soll, verursacht eine zu hohe Dosierung Nervenkrisen oder Halluzinationen! So etwas Gefährliches hat man da also zu Hause im Schrank!

Der Zusatz Reichardtstadt hätte Halle auch gut gestanden. Aber Händel klingt natürlich besser. Dabei wandte sich letzterer von seiner Heimatstadt ab, während der andere Komponist, Johann Friedrich Reichardt, zeitlebens eng mit Halle verbunden blieb. Und nicht nur das: Der große Maître de Plaisir versammelte die Musiker, Dichter und Denker seiner Zeit um sich. Es war die Zeit der Romantik. Und die Romantiker brauchten einen Ort.

Im Mai 1791 entdeckte Johann Friedrich Reichardt das Gelände zwischen der Ruine Burg Giebichenstein und den Klausbergen und kaufte es kurz darauf mithilfe der Fürstin Luise von Anhalt-Dessau für 9300 Reichstaler.

Ein steiler Berg, der eine tolle Aussicht auf Saale und Klausberge eröffnet. Reichardt ver-

Mehrere Tausend Pflanzen beherbergt der Botanische Garten der Hallenser Universität. Aber die kleinen Schildchen verraten nur die Namen. Wer mehr wissen möchte, sollte sich ein Bestimmungsbuch mitbringen.

FAZIT: STADTNAHE SPAZIERGÄNGE UND GARTENERKUNDUNGEN MIT BOTANISCHER UND LITERARISCHER WISSENSAUFWERTUNG.

Hin & Weg: Der Botanische Garten ist zu Fuß gut von der Innenstadt aus zu erreichen, zu Reichardts Garten gelangt man am besten mit den Straßenbahn-Linien 7 und 8 oder mit dem Fahrrad.

Beste Zeit: Reichardts Garten (Seebener Str. 195) ist das ganze Jahr über rund um die Uhr geöffnet. Der Botanische Garten schließt im Winter seine Tore ganz und hat auch im Sommer nur unter der Woche am Nachmittag geöffnet, www.biologie.uni-halle.de/bot/boga

Dauer: Jeweils 1–2 Std.

Ausrüstung: Lupe, Gedichte der Romantiker.

AUF DIE ERDBEEREN, FERTIG, LOS!

 ... auf den Selbsterntefeldern nahe Leipzig-Mölkau

Kein eigener Garten und immer diese limitierten Schälchen mit den nicht so richtig gut schmeckenden Erdbeeren aus dem Obst- und Gemüsemarkt? Dabei ist es doch DIE Frucht des Sommers. Wenn es mal genug für alle geben soll: Selberpflücken!

Kleines Geheimnis: Nicht die großen dicken sollte man pflücken. Die kleinen sind meist viel aromatischer!

Die Internetrecherche verrät: Im Umland von Leipzig und Halle dürfen sich Selbstpflücker auf circa 15 Feldern die besten Früchte aussuchen und in mitgebrachte oder vor Ort gekaufte Körbchen ernten.

Eines davon liegt hinter Mölkau bei Leipzig. Die Kamillenblüten sprießen hier zwischen den Pflanzen und können vorbeugend für die mit Sicherheit im November kommende nächste Erkältung gesammelt und getrocknet werden.

Aber vor allem sieht man hier rot! Die leckeren Früchte hängen dick und reichlich in den langen Reihen. Ein Dutzend Gleichgesinnter robbt mit verräterisch rot gefärbten Lippen und Fingern durch das Feld. Die erste Runde ist für den Bauch, kostenlos und unbegrenzt. Dann, aber auch erst dann, ist das Körbchen dran.

Die Erdbeeren kosten hier etwas mehr als die Hälfte des Durchschnitt-Supermarktpreises – und es sind nur die besten, dunkelsten und schönsten Früchte.

Erdbeerchutney mit Thymian

Zutaten (für ein Glas Chutney):
250 g Erdbeeren
15 Körner roter Kampotpfeffer
30 g Gelierzucker (2:1, am besten ohne
Zitronensäure)
¼ TL Salz
1 EL hochwertiger Balsamico-Essig
4–5 große Zweige Thymian

Zubereitung:
Erdbeeren putzen, waschen und halbieren.
Pfefferkörner im Mörser zerdrücken. Erdbee-

ren mit Zucker und Salz in einem Topf etwa
drei Minuten leicht sprudelnd kochen lassen,
gelegentlich umrühren. Balsamico zugeben
und eine Minute einkochen. Den Topf vom
Herd nehmen, den Pfeffer und den Thymian
hinzugeben, dann in ein vorbereitetes Glas
füllen.
Schmeckt fantastisch zu gebackenem
Camembert.

Hin & Weg: Mit der S-Bahn bis Leipzig-Paunsdorf,
die restlichen 1,5 km mit dem Rad. Oder zum Beispiel hier das passende Feld in der Nähe aussuchen:
www.erdbeerland-boehlitz-ehrenberg.de

Beste Zeit: Mitte Juni – Mitte Juli, die letzten Erdbeeren der Saison sind die besten!

Dauer: 1 – 2 Std.

Ausrüstung: Körbchen, Sonnenhut.

**FAZIT: SCHÖNES WORKOUT MIT GUTEM
BAUCHGEFÜHL.**

SPAZIER-GANG DIGITAL

≥ ... im Leipziger Auwald ≤

#6

Den Auwald auf einem Erlebnispfad per App erkunden? Wer etwas über die grüne Lunge Leipzigs lernen möchte und Schautafeln im Wald very old fashioned findet, der sollte das Handy für diesen Ausflug in die Natur ausnahmsweise mal ganz nach oben packen!

Stieleiche oder Gemeine Esche? Die App verrät es!

Naturraums, auf die in den Vitrinen des kleinen Ausstellungsraumes bereits hingewiesen wird, ist überwältigend. Deutlich moderner aufbereitet ist dieses Wissen allerdings in der Auwald-App.

Die App zeigt, dass es in der nächsten Stunde auf einer Strecke von vier Kilometern auf die Suche nach insgesamt 13 Stationen gehen wird. Das klingt sportlich, na dann mal los.

Die GPS-Navigation leitet zurück in Richtung Luppe. Hier ertönt das erste von 13 Bings – und Infos über den Fluss Weiße Elster und über die Eisvögel, die im Auwald einen geschützten Lebensraum finden, werden eingeblendet.

Her kommt man zum Beispiel mit dem Fahrrad, immer an der Neuen Luppe entlang circa sieben Kilometer aus der Stadt heraus. Ausgangspunkt ist die alte Stellmacherei der Familie Speck von Sternburg.

Seit 1998 beherbergt der schöne Fachwerkbau die als Umweltbildungseinrichtung fungierende Auwaldstation direkt neben dem Schlosspark Lützschena. Sie bietet für jedes Alter interessante Exkursionen, geführte Wanderungen, Workshops und Kreativwerkstätten an. Hier lässt man am besten das Fahrrad stehen.

Die kleine Ausstellung in der Station schwingt einen schon einmal darauf ein, dass es hier viel zu lernen und zu entdecken gibt. Die Artenvielfalt dieses besonderen

An den nächsten Stationen gibt es etwas über das Fluss- und Kanalnetz im Auwald zu lernen, über Hochwasserschutz und trockengelegte Flussarme, über den Rotmilan, alte Eichenbäume, den Unterschied zwischen Hartholzaue und Weichholzaue. Wer mag, kann auf einer Bank unter einem Schlehenstrauch Platz nehmen und einem Froschkonzert lauschen, ein Schlehenmarmeladenrezept lesen oder Fotos von Tieren anschauen, die gerade nicht vorbeikommen.

Ein scheinbar einfaches Quiz begleitet die Tour. Aber wer hätte auch nur eine Frage beantworten können, ohne vorher der App gefolgt zu sein?

Augen auf! Im Leipziger Auwald lebt der kleine Moorfrosch. Besonders leicht zu entdecken ist er zur Laichzeit, wenn sich sein Körper intensiv blau färbt.

FAZIT: MIT DEN WORTEN DES NOBELPREIS-TRÄGERS KONRAD LORENZ: »ES IST EINE LANDSCHAFT VOLLER WUNDER, VERGLEICHBAR NUR MIT TROPISCHEN URWÄLDERN, EIN DSCHUNGEL IN UNSEREN BREITEN ...«

Hin & Weg: Straßenbahn-Linie 11 (Richtung Schkeuditz) bis zur Haltestelle Lützschena; Fußweg über die Alte Schäferei und den Schlossweg (ca. 10 Min.) oder mit dem Fahrrad aus der Innenstadt immer an der Neuen Luppe entlang.

Beste Zeit: Ganzjährig möglich, aber am schönsten im Frühling, wenn der Bärlauch blüht und den Auwald in einen weißen Teppich verwandelt.

Dauer & Strecke: 1–2 Std. und 4 km zu Fuß.

Ausrüstung: Handy oder Tablet, App »Auwald-Erlebnispfade«.

SCHWERE-LOS VOR DEN AUGEN GOTTES

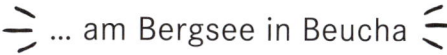 ... am Bergsee in Beucha

Sprungtürme sind selten geworden. Doch am Bergsee in Beucha gibt es sie reichlich. In allen erdenklichen Höhen aus natürlichem Fels an der Abbruchkante des ehemaligen Steinbruchs. Als Kulisse thront die Kirche des Ortes oben auf der Klippe. Auf diese Weise beschützt, könnte man einen Sprung wagen – nur Mut!

Das Thermometer steigt in Richtung 30 Grad – und es soll mal kein Freibad, Baggersee oder Fluss sein, sondern etwas ganz Besonderes? Warum nicht ein mit Wasser vollgelaufener Steinbruch? Davon gibt es im Südosten von Leipzig so einige, aber keiner ist so spektakulär und schön wie der Bergsee in Beucha.

Geht man vom Ort aus aufwärts zur alten Dorfkirche, wird einem erst mal nichts ungewöhnlich vorkommen. Schaut man dann allerdings über die halbhohen Feldsteinmauern gleich neben der Kirche, so sieht man, dass die Kirche keineswegs nur im Dorf geblieben ist, sondern direkt an der Abbruchkante eines Steinbruchs steht. In den Sommermonaten ist die kleine Kirche an jedem Sonntagnachmittag geöffnet. Schon seit 1429 steht sie auf dieser Bergkuppe. Der Steinbruch kam später, als man begann, sich für das Darunter,

den Granitporphyr zu interessieren. Aus ihm stammt übrigens auch der Stein für das Völkerschlachtdenkmal in Leipzig.

Eigentlich sollte die Kirche Mitte des 19. Jahrhunderts abgerissen werden, um den Berg abtragen zu können. Doch der damalige Pfarrer kämpfte für ihren Erhalt. 1958 wurde der Steinbruch geschlossen und damit auch das Abpumpen des Wassers gestoppt. So lief der Kirchbruch, wie er offiziell heißt, mit Grundwasser voll. Das Wasser ist türkisblau und glitzerklar. Auf den 38 Meter tiefen Grund kann man trotzdem nicht schauen. Die steilen Abbruchkanten machen es an vielen Stellen möglich, dass man einen Sprung in die Tiefe wagen kann. Die Beuchaer Dorfjugend kennt sich aus. Wer sich nicht traut, schwimmt einfach nur. Die Liegeplätze sind lauschig, aber nicht gerade reichlich vorhanden. Ein schmaler Pfad führt

Erfrischendes Seebad mit sensationeller Kulisse.

rund um den See und eröffnet immer wieder aus neuen Perspektiven Blicke auf die kleine Kirche. Nicht umsonst gehört sie zu den meist fotografierten Kirchen im Leipziger Umland. Mit ihrer dramatischen Hanglage bildet sie zu jeder Jahreszeit ein reizvolles Fotomotiv. Ihren besonderen Zauber entfaltet sie in den Abendstunden, wenn die letzten Strahlen der Sonne sie über dem kleinen Bergsee funkeln lassen. Da lohnt es sich, länger zu bleiben – etwa für ein Open-Air-Dinner aus der Picknicktasche.

FAZIT: WER SICH TRAUT, ZU SPRINGEN, WIRD MIT EINEM BESONDEREN BADEKITZEL BELOHNT.

Hin & Weg: Von Leipzig mit der Regionalbahn 110 bis Beucha, von da 5 Min. zu Fuß. Oder mit dem Fahrrad 15 km aus der Leipziger Innenstadt.

Beste Zeit: Heiße Sommertage. Aber auch ein Spaziergang um den See lohnt sich, jederzeit.

Dauer & Strecke: 1 Std.–½ Tag und 2 km zu Fuß.

Ausrüstung: Handtuch, Badesachen, Mut.

TAUSENDE VON PFLANZEN

... im Botanischen Garten in Leipzig

Akanthus, Krebsschere und geschwänz-te – wie bitte? – Haselwurz? Ja, auch sie wachsen in Leipzigs Botanischem Garten. Der hat aber noch weit mehr zu bieten als zungenbrecherische Unbekannte. Der Apothekergarten ist einer der ältesten seiner Art auf der ganzen Welt, und im gegenüberliegenden Duft- und Tastgarten sind alle Sinne gefragt.

Im Schmetterlingshaus lässt sich der Entwicklungszyklus dieser schönen Tiere vom Ei über die Raupenstadien bis hin zum Schlüpfen der Falter aus den Kokons verfolgen.

Ein altes Eisentürchen knarrt und schon ist man drin, im alten neuen Apothekergarten. Der liegt etwa 200 Meter Luftlinie vom zentralen Botanischen Garten entfernt im Friedenspark. Wasser plätschert aus einem Brunnen und fließt durch einen offenen Kanal die Beete entlang. Schnell die Schuhe ausziehen und den Kanal zu einem Kneipp-Fußbad umfunktionieren!

Dabei die schönen Namen der Heilpflanzen und Kräuter lesen, daran riechen und (auch wenn es verboten ist) davon kosten. Aber natürlich nur Bekanntes, denn der Garten enthält auch jede Menge Giftpflanzen.

Angelegt als Reminiszenz an die Geschichte – aus einem Hortus medicus ist er nämlich vor circa 450 Jahren hervorgegangen – lehrt der Botanische Garten der Universität Leipzig heute den Medizinstudenten, Apothekern, Biologen und Ärzten die Wirkweisen von Arznei-, Heil- und Giftpflanzen. Ein Teil der Pflanzen ist nach ihren chemischen und medizinisch bedeutenden Hauptwirkstoffen angeordnet, so zum Beispiel nach ätherischen Ölen, Gerbstoffen oder herzwirksamen Glykosiden. Verrückt, was hier alles gegen Bauchschmerzen helfen soll!

Keine Ahnung, warum es hier soooo entspannend ist. Es muss die beruhigende Wirkung einer besonders intensiv duftenden Wunderpflanze sein. Jedenfalls stehen nicht ohne Grund überall Bänke herum, und es gibt kaum etwas Schöneres, als hier und jetzt das aktuelle Lieblingsbuch und vielleicht später noch ein kleines Picknick auszupacken.

Im Duft- und Tastgarten ist das Anfassen der Pflanzen ausdrücklich erlaubt und erwünscht.

Nicht weniger intensiv duftet es im gegenüberliegenden Duft- und Tastgarten. In diesem, speziell für blinde und sehbehinderte Menschen angelegten Garten, ist das Anfassen der Pflanzen ausdrücklich erlaubt. Das macht auch sehenden Kindern und Erwachsenen sehr viel Spaß. Augen schließen und auch mal genau hinhören! Bambushalme, Klapperfrüchte und Gräser machen tolle Geräusche.

Nicht nur bei Regen ein Highlight ist das Schmetterlingshaus im Hauptteil des Botanischen Gartens. Hunderte exotische Schmetterlingsarten leben hier und können dabei beobachtet werden, wie sie Nahrung aufnehmen, Eier ablegen oder gerade aus der Puppe schlüpfen. Der schöne Blaue Morphofalter erreicht übrigens eine beeindruckende Flügelspannweite von bis zu 12 Zentimetern. Und wer schon immer wissen wollte, wie eine Baumnymphe aussieht: Hier fliegen Dutzende ihrer Art herum.

FAZIT: EIN AUSFLUG FÜR ALLE SINNE UND NIX FÜR SCHNUPFNASEN.

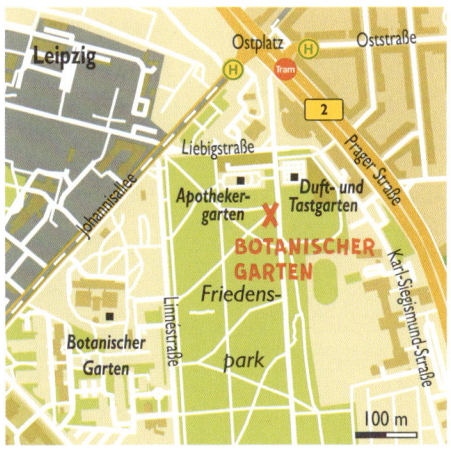

Hin & Weg: Der Botanische Garten liegt im Südosten der Stadt. Am besten erreicht man ihn mit dem Fahrrad oder mit den Straßenbahn-Linien 12 und 15, Haltestelle Ostplatz.

Beste Zeit: März–Oktober. Mehr unter www.bota.uni-leipzig.de

Dauer: 1–2 Std. oder ein ganzer Nachmittag; Öffnungszeiten des Botanischen Gartens beachten!

Ausrüstung: Lupe, Lieblingsbuch, Picknick und Decke, Zeit.

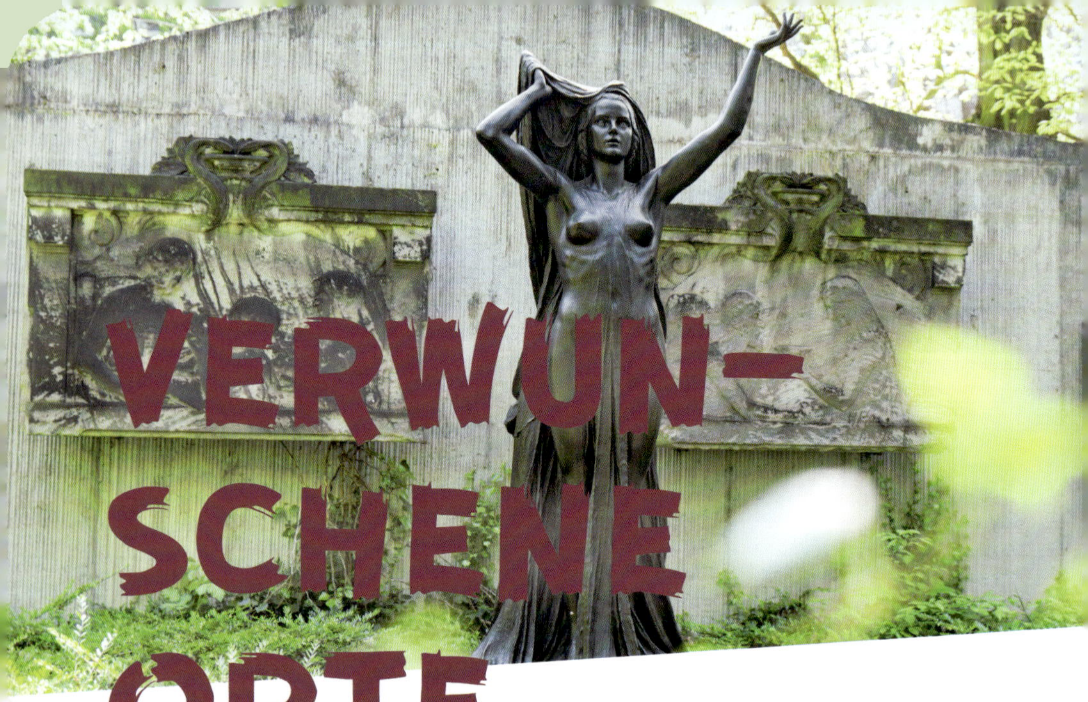

VERWUNSCHENE ORTE

... auf Leipzigs Friedhöfen

#9

Wer ahnen will, wie und durch wen Leipzig wurde, was es ist, sollte die beiden berühmten Friedhöfe besuchen. Auf dem großen Südfriedhof und dem deutlich kleineren Alten Johannisfriedhof ruhen die klugen Dichter, Denker und Verleger in großer Präsenz. Kunstvoll wie ihre Gräber sind auch die Parkanlagen, in denen es sich wunderbar spazieren lässt.

#jahrhundertealteBegräbniskultur #Skulpturenpark #Rhododendrenmeer

Eine der markanten Begräbnisstätten auf dem Südfriedhof: Die Grabpyramide des Fabrikanten Ullstein, dem Vater des berühmten Zeitungskönigs.

Wie das Blatt einer Linde, die Leipzig vor 1000 Jahren ihren Namen gab, dehnt sich das Hauptwegenetz des Südfriedhofs aus. Mit dem Stiel nach Süden weisend und die Blattspitze ans Völkerschlachtdenkmal gelehnt.

Das riesige Monument gab es noch nicht, als der Markthelfer August Schmidt am 2. Juni 1886 als Erster hier beigesetzt wurde und die heute berühmte Anlage gewissermaßen einweihte. Zunächst war der neu angelegte Friedhof vor den Toren der Stadt die Begräbnisstätte der einfachen Leute. Die Reichen und Wohlhabenden entdeckten ihn erst einige Jahrzehnte später, als der Feierhallenkomplex gebaut war, mit Krematorium und dem größten Kolumbarium nördlich der Alpen. Nachempfunden ist der neoromanische Bau dem Benediktinerkloster Maria Laach in der Eifel.

Plötzlich war den Leipziger Eliten kein Quadratmeterpreis zu hoch, kein Stein zu kostbar und kein Gewächs zu exotisch für die letzte Residenz. Und so wurden immer mehr Monumente

der Gründerzeit-Industriellen und Verleger zwischen den damals erst mannshohen Bäumchen platziert: riesige Felsbrocken, Gruften mit Tempeln darüber, Säulengruppen, aufstrebende Engel und trauernde Jungfrauen.

Kein Grabmal ist ohne Geschichte. Namen wie die der Verleger Baedeker und Ullstein sind auf den Steinen zu lesen, die der Maler Werner Tübke und Wolfgang Mattheuer, der Dichterin Lene Voigt, des großen Dirigenten Kurt Masur. Auch Marinus van der Lubbe, Hauptangeklagter beim Prozess um den Reichstagsbrand 1933, ist hier begraben; und Hans Meyer, der Erstbesteiger des Kilimandscharo. Die Gebeine des Dichters Christian Fürchtegott Gellert wurden hierher umgebettet, als die Universitätskirche 1968 gesprengt wurde.

Inzwischen sind die Bäumchen zu stämmigen Riesen herangewachsen, man streift durch dichten Wald und weite Lichtungen, durch Wiesen, Alleen, vorbei an Teichen und Tempeln; kaum die Hälfte der Fläche ist mit Gräbern bedeckt. Der Lärm der Stadt ist weit entfernt.

So ist es auch im Alten Johannisfriedhof, dem deutlich älteren und viel kleineren der beiden. Zwischen 1278 und 1883 wurde er als Begräbnisstätte genutzt. Auch weil er seiner eigentlichen Aufgabe seit über 100 Jahren nicht mehr gerecht wird, ist er viel mehr ein Park als ein Friedhof. Wer sich nach einem Besuch in Leipzigs quirliger Innenstadt an einen ruhigen, verwunschenen Ort beamen möchte, der spaziere die fünf Minuten Richtung Grassimuseum und ist da.

Bilder links: Auch auf dem Alten Johannisfriedhof reihen sich die Grabmale berühmter Leipziger dicht an dicht.

FAZIT: ZWEI OFFENE GESCHICHTSBÜCHER IN GRANDIOSER PARKLANDSCHAFT.

Hin & Weg: Zum Südfriedhof gelangt man mit der Straßenbahn-Linie 15 oder mit dem Fahrrad, der Alte Johannisfriedhof ist von der Innenstadt aus zu Fuß zu erreichen (5 Gehminuten in Richtung Grassimuseum).

Beste Zeit: Am schönsten ist es im Mai, wenn auf dem Südfriedhof die Rhododendren blühen. Immer sonntags um 14 Uhr gibt es dort eine interessante Führung mit dem Begräbniskulturforscher Alfred E. Otto Paul.

Dauer: 2–3 Std.

Ausrüstung: Fotoapparat.

STADT, LAND, FLUSS

 … mitten in Leipzig

 Drei kleine Flüsse durchziehen Leipzig. Auf ihren Kanälen zu paddeln ist wie eine Reise in eine andere Welt. Denn während die Adern der Stadt üblicherweise Lärm und Gedränge mit sich bringen, ist es hier ganz still. Nur die Vögel zwitschern und das Wasser plätschert beim Einschlagen des Paddels.

#Urbanitättrifftaufnatur #Industriearchitektur #aktivinLeipzig #Wasserwandern

Eindrucksvoller Streckenabschnitt auf dem Karl-Heine-Kanal vor der Könneritzbrücke.

→ ABSTECHER

Die Jungs vom Bootshaus am Klingerweg haben den Ansturm wasserhungriger Gäste bei schönem Wetter gut im Griff. Sie verleihen nicht nur die passenden Boote, sondern geben bereitwillig Auskünfte und Streckentipps. Der perfekte Startpunkt für eine Tour. Denn genau hier trifft die Industriearchitektur des Stadtteils Plagwitz auf die fast endlose Park- und Auwaldlandschaft, die Leipzig zu einer der grünsten Städte Europas macht.

Heute fällt die Entscheidung für die urbane Runde. Der Unternehmer Karl Heine machte Plagwitz Mitte des 19. Jahrhunderts mit seinen visionären Projekten zum Zentrum der europäischen Industrialisierung. Er ließ ein Schienennetz anlegen, baute 1876 den ersten Güterbahnhof Europas und gründete den Elster-Saale-Verein. Dessen Ziel war es, eine schiffbare Verbindung zwischen Elster und Saale zu schaffen, von der aus dann auch

Besonderes Schaukelerlebnis nur für Bootsfahrer kurz vor dem Restaurant Stelzenhaus.

die Elbe und die Ostsee erreichbar gewesen wären. Er konnte diesen Plan jedoch nie vollständig in die Tat umsetzen. Auch wenn später noch andere versuchten, die Lücke zu schließen, fehlen bis heute noch immer zwei Kilometer. Die industrielle Entwicklung des Stadtteils Plagwitz hat der Kanal trotzdem beflügelt.

So paddelt man heute zu Füßen beeindruckender Industriedenkmäler, um immer wieder erhaben aufzuschauen: zur Könneritzbrücke, zum ehemaligen Firmengebäude von Mey & Edlich, zu den Buntgarnwerken und zum Stelzenhaus. Auf etwa 100 Pfeilern thront letzteres über dem Wasser. Die Menükarte des heute in dieser ehemaligen Verzinkerei ansässigen Restaurants ist schon vom Wasser aus zu lesen. Zieht das Versprechen von Kaffee und leckerem Kuchen mit magischen Kräften am Boot, kann man es langsam an

den breiten Restaurantsteg gleiten lassen w.stelzenhaus-restaurant.de).

Nach dieser köstlichen Pause geht es auf demselben Weg wieder zurück. Jetzt hat das Auge auch Lust auf die herrlichen Leipziger Gründerzeithäuser. Was neugierigen Blicken sonst so verheißungsvoll hinter Fassaden verborgen

---

Hin & Weg: Mit dem Fahrrad oder den Straßenbahn-Linien 1 und 2, Haltestelle Klingerweg.

Beste Zeit: Von Ostern bis im Herbst das letzte Blatt von den Bäumen gefallen ist.

Dauer & Strecke: Mindestens 2 Std. bis zu einem ganzen Tag und 5 km zu paddeln.

Ausrüstung: Picknickkorb, Angel, Sonnenhut, Fotoapparat, Reiseführer, Paddelkarte. Informationen über den Bootsverleih auf www.bootstour-leipzig.de

---

Was viele nicht wissen: Leipzig ist nicht nur Goethes »Klein Paris«, sondern auch ein kleines Venedig.

scheint, ist – von hinten betrachtet – plötzlich nah und greifbar: so viele Bootsstege, verwunschene Hinterhöfe, am Wasser spielende Kinder, Angler auf Brücken und Brombeerhecken, deren Zweige sich unter der Fruchtlast in Richtung Boot biegen – lecker!

Jeder Perspektivwechsel tut gut. Und dieser hier besonders. Vom Boot aus erhebt sich die Stadt groß und historisch bedeutsam aus dem Wasser. Aber auch verspielt, familiär und erholsam. Die Jungs vom Bootshaus helfen beim Aussteigen.

Vielleicht begegnet man bei seiner Paddeltour sogar der MS Weltfrieden. Das alte Ausflugsschiff von 1945 schippert seit 1998, als es durch eine Privatinitiative vor der Verschrottung gerettet wurde, auf dem Karl-Heine-Kanal und auf der Weißen Elster. Wer es ruhiger angehen lassen will, für den ist eine Fahrt mit ihr die perfekte Alternative.

FAZIT: SO NATURNAH, AKTIV UND LEHRREICH GEHT ES MITTEN IN DER STADT NIRGENDS SONST ZU.

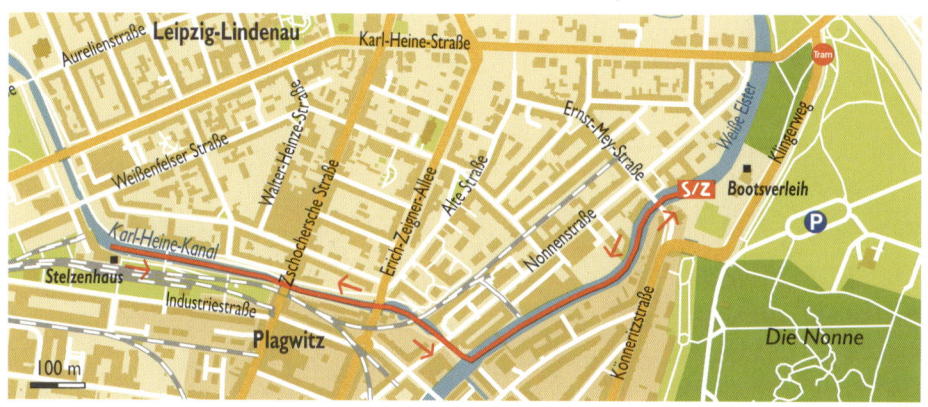

SUMM, SUMM, SUMM

 ... an Leipzigs Richard-Wagner-Hain

Hier, direkt hinter dem Elsterwehr, kommen an schönen Sommernachmittagen Jongleure, Federballspieler, fleißig lesende Studenten und faul auf der Decke liegende Familien zusammen. Wer Glück hat, lernt bei Kaffee und selbst gebackenem Kuchen aus dem Zierlich Manierlich auch noch Interessantes aus der Welt der Bienen.

Stadtimker Robert Albrecht liebt den Geschmack des Rohhonigs seiner Stadtbienen. Ebenso wichtig sind für den neugierigen Imker Forschung und Bildung.

»Für mich ist das Zierlich im Grunde eine schicke Version einer guten alten Frittenbude«, sagt die gebürtige Kölnerin und erzählt, dass in ihrer Heimat Frittenbuden eine lange Tradition haben. Der Richard-Wagner-Hain liegt am Radweg, der den Norden mit den Seen im Süden verbindet, man gelangt durch das Zentrum, ohne sich in den Großstadtverkehr begeben zu müssen. »Nur gab es früher auf der ganzen Strecke keine Möglichkeit, eine Pause bei Kaffee und Kuchen einzulegen. Das wollte ich unbedingt ändern. Heute schau ich den ganzen Tag auf das Elsterbecken und höre das Wehr rauschen.« Ein schöner Arbeitsplatz für Rebecca und für alle anderen ein herrliches Saisoncafé.

Seit Leipzig eine Fußballmannschaft in der ersten Bundesliga hat, sind Stadionbesuche begehrt und teuer. Eine kostenlose Alternative inklusive Stadionatmosphäre ist die 300 Meter lange Steinsitzbank am Richard-Wagner-Hain.

In Hörweite vom Ort des Geschehens schaut man einfach kurz im Internet nach dem Spielstand, wenn die Geräuschkulisse auf Torniveau anschwillt. Selber kicken ist auch erlaubt, denn Platz ist hier auf der Wiese genug für alle.

Fast winzig dagegen wirkt der limettengrün angemalte Jugendstil-Zirkuswagen von Zierlich Manierlich, der dem Ort seine Aura gibt. Seit 2009 betreibt die Bücher schreibende Cafébesitzerin Rebecca Salentin dieses ungewöhnlich unmobile mobile Café.

Auf der kleinen Anhöhe summt und brummt es gewaltig. Stadtimker Robert Albrecht kümmert sich um die hier aufgebauten 30 Völker – und verkauft verschiedene Honigsorten. Wer sich langsam und unaufgeregt bewegt, kann ihm und seinen circa 500 000 Bienen ganz nahe kommen. Die Augen des Imkers leuchten vor Begeisterung, wenn er von seinen kleinen Tieren erzählt, und er wird nicht müde, die vielen Fragen der Vorbeikommenden zu beantworten.

So erfährt man, dass man einen Schwarm einfängt, indem das Nest mit Wasserdampf eingenebelt und in einen Eimer gestoßen wird. Ist die Königin drin, versammelt sich binnen weniger Minuten das ganze Volk im Eimer. Oder dass Bienen schon im Anflug auf eine Blüte spüren, ob Nektar zu finden sein wird oder nicht. Ihre Riechorgane sind so fein, dass

Bild rechts: Auf der Wiese des Richard-Wagner-Hains versammeln sich Hunderte Hörlustige zum Festival ihrer Leidenschaft, dem Hörspielsommer.

sie auf Flughäfen als Sprengstoff-Detektive eingesetzt werden. Für die kommenden Jahre hat der Teilzeit-Imker und hauptberufliche Tagesvater große Pläne. Er baut an seiner eigenen Imkerei für lokalen Biohonig, als einem Ort der Bildung und Forschung.

FAZIT: SO VIELE SÜßE SÜNDEN KONZENTRIEREN SICH SELTEN AN EINEM ORT.

Hin & Weg: Mit den Straßenbahnen der Linien 3, 7, 8 und 15 zur Haltestelle Sportforum Süd auf der Jahnallee oder mit dem Fahrrad.

Beste Zeit: Wenn es warm genug ist, draußen zu sitzen. Das Zierlich-Manierlich hat April–Oktober bei gutem Wetter täglich geöffnet (www.zierlichmanierlich.de). Im Hochsommer findet auf der Wiese eine ganze Woche lang der Hörspielsommer statt. Dann kann man mit geschlossenen Augen spannenden Geschichten lauschen (www.hoerspielsommer.de).

Dauer: 1 Std. – ½ Tag.

Ausrüstung: Decke, Federballspiel.

FERN-ÖSTLICHES FLAIR

⫽ ... im Park Dieskau bei Halle ⫽

#12

Ein Schloss, das noch auf seine große Wiedererweckung wartet. Ein chinesisches Teehaus, das keines mehr ist, und ein Park, dessen schönste Entdeckung ein ganz besonderes altes Paar ist. Einen Katzensprung von Halle entfernt und von Leipzig aus gut mit der S-Bahn zu erreichen, findet sich hier vor allem eines: Ruhe. Das Fahrrad kann, muss aber nicht mitgenommen werden.

des 18. Jahrhunderts. Nach 1945 verwilderte er und zahlreiche Kunstwerke verschwanden oder wurden zerstört. Seit 1998 wird der Park durch die Gemeinde und den Förderverein Park Dieskau Stück für Stück saniert und wiederhergestellt, dank engagiertem Ehrenamt, Spenden und klugem Management. Das Wie findet dabei nicht immer Zustimmung. So schimpft der Gärtner, den man gelegentlich in den schönen Beeten vor dem Schloss antrifft, über die »teure und unschöne Neuinterpretation des alten chinesischen Teehauses«. Anderen gefällt die Arbeit des Metallbildhauers Jörg Bochow sehr. Er schuf eine Nachbildung als begehbare Skulptur. Architektur und Farbe passen nicht nur perfekt ins Ensemble, sie lassen auch fernöstliches Flair aufkommen.

Es muss so etwas wie Liebe auf den ersten Blick gewesen sein, als Thymo von Rauchhaupt, Gemälde- und Möbelrestaurator, und seine Frau im Jahr 1990 das Schloss in Dieskau zum ersten Mal sahen. Schnell fiel die Entscheidung: sie würden das vor 800 Jahren erstmals erwähnte Gemäuer kaufen und wieder flott machen. Inzwischen gibt es ein Café, welches an Sonntagen im Sommer seine Türen öffnet und von der Schlossherrin selbst gebackenen Kuchen anbietet.

Sommerkino und Konzerte finden regelmäßig im Schlosshof statt. Mit der Sanierung geht es allerdings langsam voran. In kleinen Schritten repariert der Schlossherr, was ohne das große Geld eben so zu machen ist. Eingebettet ist das Schloss in den verwunschenen Dieskauer Park. Die berühmten Wörlitzer Anlagen standen Pate bei der Gestaltung Ende

Beim Spaziergang durch den Park gibt es viel zu entdecken. Das große Osttor zum Beispiel, auch ein beeindruckendes Kunstwerk von Jörg Bochow, die Streuobstwiesen oder die beiden großen Bäume, die engumschlungen am Wegesrand stehen.

Von Dieskau ist es nicht weit zum Hufeisensee. Der Weg führt über Kanena. In dem Ort befindet sich ein kleines historisches Schulplanetarium, in dem Besucher die Sterne zu ausgewählten Terminen noch im planetarischen Handbetrieb beobachten können. Im Vergleich zu den Leipziger Tagebauseen geht es am Hufeisensee sehr beschaulich zu. Beim Sprung von der auf wackeligen Beinen hochgestemmten Holzpalette in das herrlich klare Wasser fühlt man sich sehr glücklich, was bestimmt an der namensgebenden Form des Sees liegt.

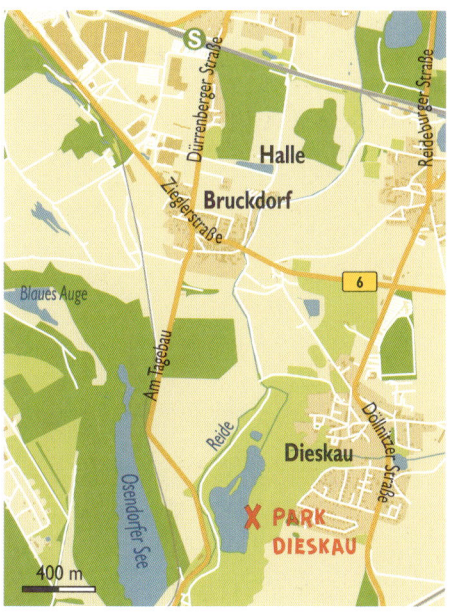

Wegen der günstigen Lage des Parks vor den Toren von Halle unternehmen viele Familien hierher ihren Wochenendausflug.

FAZIT: ES MUSS NICHT UNBEDINGT WÖR-
LITZ SEIN — AUCH IN DIESKAU LÄSST ES
SICH WUNDERBAR FLANIEREN.

Hin & Weg: Mit der S-Bahn nach Dieskau und zurück von Halle-Messe oder direkt mit dem Fahrrad nach Halle. Die insgesamt 8 km können auch spaziert werden.

Beste Zeit: Jede Jahreszeit möglich, aber im Herbst kann man auf den Streuobstwiesen und an den Brombeerhecken sein eigenes Picknick pflücken.

Dauer & Strecke: 1–3 Std. und 10 km mit dem Rad.

Ausrüstung: Fahrrad, Badesachen, Behälter für die Ernte.

EIN FEELING WIE AM MEER

>− ... am Cospudener See in Leipzig −<

#13

Der Pulli, der ein Loch hat, ist mir der liebste. Bei Orten ist es manchmal wie mit den Kleidern: Von manchen kann man einfach nicht lassen. Der Cospudener See ist dafür ein ganz heißer Kandidat. Am Cossi, wie ihn die Leipziger liebevoll nennen, schlagen die Wellen bei Wind richtig hoch.

Spätestens am Adlertor, dem Eingang zum Keesschen Park und kurz vor dem Cospundener See, hat man das Gefühl, im Urlaub angekommen zu sein.

Natur hatte Kraft, und so wuchsen bald schattige Büsche und Bäumchen an den Ufern. Morgens, gleich nach dem Aufstehen, kann man wunderbar die sechs Kilometer mit dem Rad durch den Auwald fahren, vorbei am Elchgehege und am steinernen Wolf, durch den schönen Keesschen Park mit dem imposanten neobarocken Adlertor – und ganz allein hier baden.

Ganze Nachmittage mit Freunden lassen sich hier zubringen und romantische Abende mit Picknick und Wein.

In Sachen Nacktheit ging es hier anfangs ziemlich demokratisch zu. Wer nackt hineinwollte, ging nackt, wer sich bekleiden wollte, tat das lieber so. Ein Beispiel gelungener Wiedervereinigung.

Seit ein paar Jahren ist es anders. Leipzig ist angesagt, Studenten aus aller Welt kommen hierher, die Stadt bekommt den Zuzug kaum unter Kontrolle. Das Sprachengewirr am See an sonnigen Tagen gibt einem das stolze Gefühl, in einer Metropole zu leben. Aber es ist ungemütlich eng geworden und die demokratische Nacktheit ist längst verschwunden. »Einige ewige Ossis können es nicht lassen«, sagen manche leider.

Morgens um acht hat man den Cossi immer noch für sich allein – und danach frühstückt man im Brot und Kees sensationell lecker (www.brotundkees.de).

Das Ende der DDR hat den Leipzigern und Hallensern ein großes Geschenk beschert, denn die ehemals alles verschmutzenden Braunkohle-Abbaugebiete wurden renaturiert, die Restlöcher geflutet. Im Entstehen ist seither ein Seengebiet mit 23 Gewässern, in seiner Gesamtfläche deutlich größer als die Müritz.

Wo immer nur trockenes, ebenes Land war, durchzogen von einigen Flüssen, gibt es plötzlich Wasser und Häfen! Freunde diskutieren darüber, ob sie gemeinsam ein Segelboot kaufen, am Wochenende geht es an den Strand, und die Kids lernen surfen! Schöne Restaurants gibt es am Hafen und eine Sauna mit Blick aufs Wasser und eigener Badestelle.

Der Cossi ist der allererste in dieser Seen-Perlenkette. Anfangs wirkte er kahl, aber die

Das schönste Ufer am See ist der Oststrand mit seinen wilden Büschen und versteckten Badenischen.

FAZIT: AUCH WENN MAN AM COSSI NUR KURZ VORBEISCHAUT, DAS GEFÜHL, AM MEER GEWESEN ZU SEIN, VERLÄSST EINEN DEN GANZEN TAG NICHT.

Hin & Weg: Unbedingt mit dem Fahrrad! Durch den Auwald, auf der Neuen Linie, dem Equipagenweg und durch den Keesschen Park auf die Ostseite des Sees.

Beste Zeit: Früh am Morgen und immer, wenn die Sonne scheint.

Dauer & Strecke: Lohnt sich für 1 Std. und für einen ganzen Tag, hin und zurück 12 km.

Ausrüstung: Fahrrad, Decke, Handtuch, Badesachen, Picknick, Lieblingsbuch.

SOMMER-FRISCHE

>− ... in der Villa Hasenholz in Leipzig −<

#14

Im Nordwesten von Leipzig, dort wo die Stadt fließend in das Naturschutzgebiet Burgaue übergeht, da steht die alte Villa Hasenholz. An Sonn- und Feiertagen öffnet sie ihren Garten für die Leipziger. Sommerfrische wie vor 100 Jahren? Nicht ganz, denn ein DJ sorgt für den chilligen Sound und Wurfscheiben sausen durch die Luft.

In einem gepflegten Garten bei bester Verköstigung entspannt abhängen - was gibt es Schöneres?

Aber ansonsten ähnelt die Szenerie sicherlich der, die schon Ende des 19. Jahrhunderts hier zu beobachten war. Erholungssuchende junge Städter, die den Mix aus Urbanität und Grün lieben, versammeln sich mit kühlenden Getränken und leckerem Kuchen. Und das vor allem, um zu sehen und gesehen zu werden. Denn eines fällt auf: Vielleicht nicht so schick wie früher, aber sehr cool haben sich hier alle herausgeputzt.

Bis zum Ausbruch des Zweiten Weltkriegs war die Gründerzeitvilla mit Tanzsaal und Kolonnade ein beliebtes Ausflugsziel.

Danach hat die Geschichte die Herrschaft über das Haus übernommen und ihre Spuren hinterlassen, zuletzt in der DDR als Lager einer HO-Verkaufsstelle, dann mit komplettem Leerstand und damit einhergehendem Verfall.

Die eigenwillige, charakterstarke und zupackende Pächterin Marion Salzmann hat Gebäude und Gelände 2007 wiederentdeckt und es seither mit dem nötigen und doch so seltenen Feingefühl wieder zum Leben erweckt. Dafür hat sie Geld gesammelt und die richtigen Leute zusammengebracht. Den besonderen Charme des Gebäudes und die Patina der Innenräume kitzelte sie mit der Sanierung heraus, statt sie zu übertünchen.

Die Leipziger heiraten hier gern oder feiern große Feste. Die Villa Hasenholz ist oft schon das ganze Jahr im Voraus ausgebucht. Aber die Sonn- und Feiertage werden tapfer und konsequent für alle Bewohner der Stadt und ihre Sommerfrische freigehalten. Zwischen den Obstbäumen auf der alten Streuobstwiese sind Hängematten gespannt, darüber flattern bunte Wimpelketten im Wind. Schafe weiden etwas abseits, Kinder wirbeln überall herum. Mit ihrem Händchen für gute Küche engagiert Marion Salzmann für die sonn- und feiertägliche Biergartenkost Pepe's Kitchen Team, welches zu bezahlbaren Preisen hausgemachte Biergartenklassiker und saisonale Spezialitäten aus dem Garten anbietet. Unbedingt kosten sollte man die Hauskreation Hasenlimo, frisch zubereitet mit Orangen, Limetten und Minze.

Hin & Weg: Mit dem Fahrrad am Elsterbecken entlang oder mit der S-Bahn oder der Straßenbahn 7 zum Bahnhof Leutzsch, dann 10 Min. zu Fuß, oder den Bus 80 nehmen und an der Haltestelle Am Sportpark aussteigen.

Beste Zeit: Sonn- und feiertags ab Ende April bis in den Herbst hinein, nur bei schönem Wetter.

Dauer: 2–3 Std.

Ausrüstung: Passendes Outfit, Federballspiel und Wurfscheibe, Picknickdecke.

FAZIT: FAUL SEIN AM RECHTEN ORT IST AUCH EINE AKTIVITÄT. IM GARTEN DER VILLA HASENHOLZ KLAPPT DAS BESONDERS GUT.

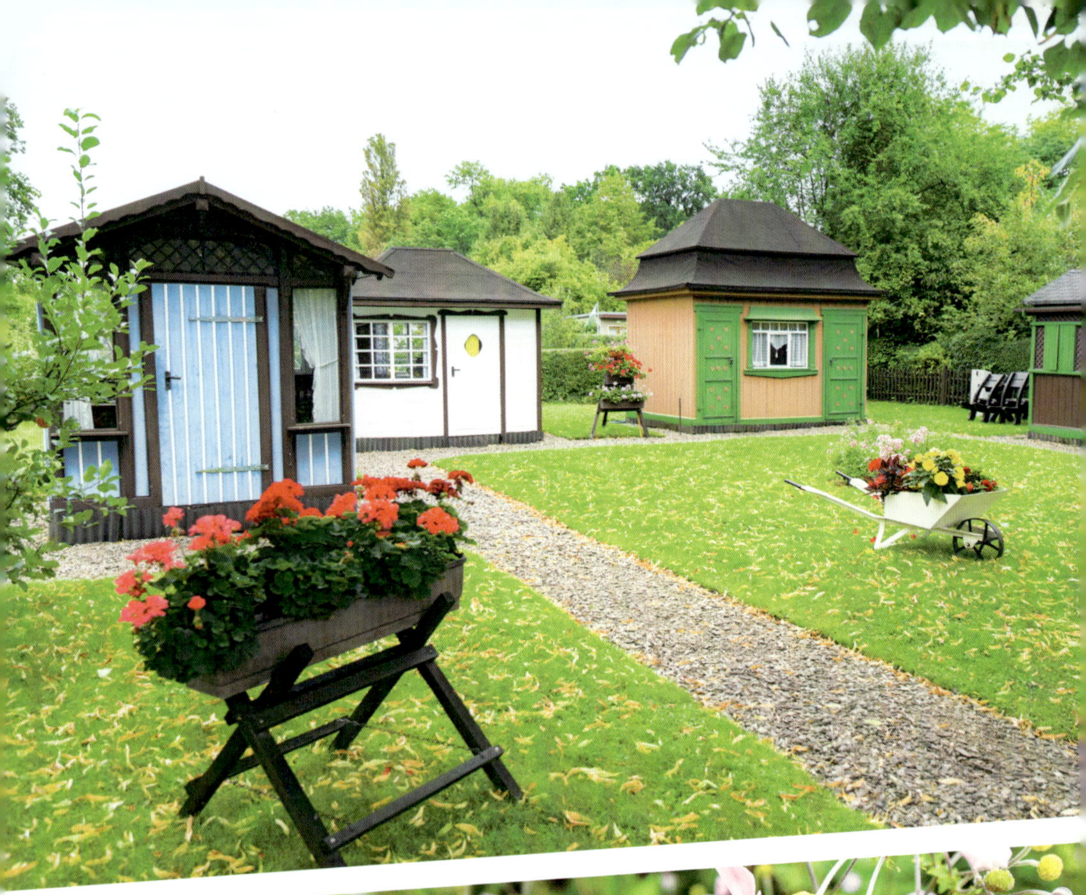

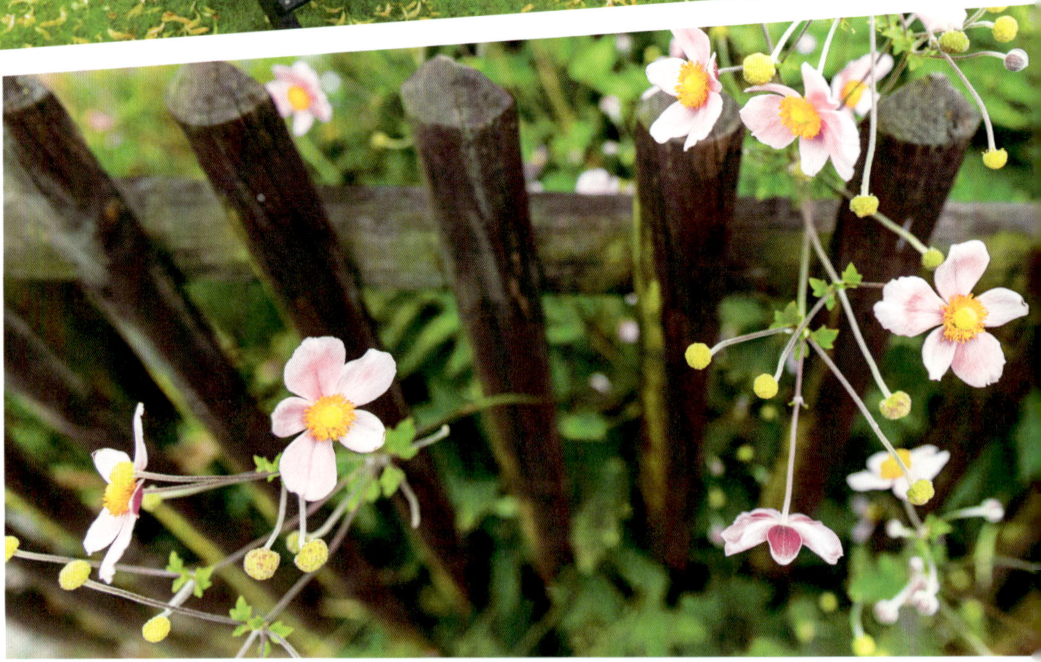

BLÜHENDE ANARCHIE HINTERM GARTENZAUN

⤜ ... im Kleingärtnermuseum in Leipzig ⤛

#15

Sind die deutschen Kleingärten nun das vergessene Idyll vor der Haustür des Hipsters oder Ausgeburten deutscher Spießigkeit? Endlich ist der Blick über den Zaun mal nicht voyeuristisch, sondern erwünscht. Ein Besuch im Deutschen Kleingärtnermuseum direkt neben dem Schreberbad in Leipzig.

Wer häckelte vor 100 Jahren im Garten Nummer 10? Das Kleingärtnermuseum verrät es.

Der erste Schreberverein wurde nach Dr. Moritz Schrebers Tod im Jahr 1864 von einem damaligen Leipziger Schuldirektor, Ernst Innozenz Hauschild, gegründet und Schreber zu Ehren so benannt. So heimste sich der Arzt postum den Ruhm für eine Massenbewegung ein, die er allenfalls inspiriert hatte.

Schreber beschäftigte sich mit den sozialen Folgen des Stadtlebens zu Beginn der Industrialisierung und forderte und förderte die Betätigung der Jugend in der Natur und regte die Anlegung entsprechender Gärten an.

Dort, wo der erste Schreberverein 1876 Quartier bezog, befindet er sich heute noch, nämlich in der Nähe des Leipziger Waldstraßenviertels. Das Kleingärtnermuseum verteilt sich auf mehrere Parzellen im Gelände. Die große Wiese in der Mitte mit historischen Spielgeräten, einem Restaurant und schönem

Biergarten ist der zentrale Treffpunkt und der Ort für Feierlichkeiten und Feste.

Rundherum verraten kleine Täfelchen, wer wann wo welchen Garten besessen, gepflegt und wie bebaut hat. Zaun an Zaun gärtnerten hier Fleischermeister, Universitätsprofessor, Bankbeamte und Malermeister, Prokurist und Blumenhändler. Wie heute auch.

Die Gärten im nichtmusealen Teil der Anlage sind so verschieden wie ihre Besitzer. Hinter dem Regelwerk zu Heckenhöhe, Wassergrabenbreite und Nutzgartenanteil verbirgt sich die gesamte Palette menschlicher Individualität. Der akkurat gestutzte Rasen neben den wild wuchernden Brombeerhecken. Ordnung und Struktur mit Teich und Gartenzwerg neben einem wilden Hippie-Gärtlein mit tibetischen Gebetsfähnchen. Allein die kreativen Schutzbauten in dieser Schrebergartenanlage für Tomatenpflanzen zur maximalen Ertragsoptimierung könnten ein Fotobuch füllen.

Der vergnügliche Spaziergang endet im historischen Laubengarten. Hier kann man vier Lauben aus dem Zeitraum 1890 bis 1924 besichtigen, die entsprechend der Mode ihrer Zeit eingerichtet sind. Danach gibt es ein feines Bier im Gartenlokal oder eine Abkühlung im angrenzenden Schreberbad.

Hin & Weg: In Leipzig mit den Straßenbahnen der Linien 3, 4, 7, 8 oder 15 bis zur Haltestelle Waldplatz.

Beste Zeit: Jede Jahreszeit. Aber am schönsten ist es im Herbst, wenn man hier und da über die Hecke hängende Früchte stibitzen und kosten kann. Öffnungszeiten des Museums unter www.kleingartenmuseum.de

Dauer & Strecke: 2–3 Std. und 2 km zu Fuß.

Ausrüstung: Fotoapparat.

FAZIT: WER IMMER SCHON MAL ETWAS ÜBER DIE GESCHICHTE DES KLEINGARTENS WISSEN WOLLTE, WIRD HIER AUF BELEBENDE UND WISSENSANREICHERNDE WEISE FÜNDIG.

VON KIRCHE ZU KIRCHE

 … durch den Garten Eden in Halle

#16

Das Hallenser Paulusviertel und das Stadtviertel Giebichenstein sind so grün, dass man oft die Häuser vor lauter Bäumen nicht sehen kann. Gärten gibt es hier vor und hinter den Gebäuden. Dörfliche Atmosphäre in Kombination mit hipper Großstadt laden zu einem Spaziergang durch die Viertel ein. Altes und Neues finden sich hier behaglich nebeneinander.

Kreativ gestaltete Vorgärten und Orte zum Verweilen wie der Eisladen Vanilla machen das Paulusviertel zum Lieblingskiez der Hallenser.

In der Mitte thront die Pauluskirche dick und kompakt auf dem »Hasenberg«-Hügel. Auf den Wiesen der sanft abfallenden Hänge tummeln sich an lauen Sommerabenden junge Leute auf ihren Decken mit Wein und Bier. Drumherum entfaltet sich sternförmig das Paulusviertel, angelegt vor über 100 Jahren als Wohnviertel für Professoren, Beamte und Angestellte. Die Häuser sind sehr mondän, jede Straße ist ein bisschen anders. So finden sich in der Schleiermacherstraße viele Jugendstilhäuser, der Baumbestand hier ist knorrig und alt wie das Kopfsteinpflaster. Dagegen gibt es in der Humboldt- und in der Carl-von-Ossietzky-Straße

Im Café Rosenburg gibt es leckeres vegetarisches Essen mit wechselnden Tagessuppen und den besten Kuchen der Stadt.

imposante Villen des Historismus. Und Gärten über Gärten, manche streng angelegt und von einer Fremdfirma gepflegt, die meisten wild, verwunschen und sehr individuell. Man kann sich hier herrlich von Ecke zu Ecke treiben lassen. Autos kommen kaum vorbei, und so sitzen sie gern draußen, die Paulusviertler. Lieblingsorte sind schnell gefunden. Im Eisladen Vanilla in der Schleiermacherstraße 20 muss man sich zwischen Eissorten wie Sesam-Krokant, Rhabarber, Cookies-Strawberry, Crème-Brûlée, Cacao-Sorbet, Limette-Ingwer und Mohn-Marzipan entscheiden. Oder eben nicht, zwei kleine Kugeln gibt es schon für etwas mehr als einen Euro.

Vor der Bäckerei Kolb in der Schillerstraße 23 bildet sich vor allem an Samstagen eine sehr lange Schlange. Die guten Brötchen sind in der ganzen Stadt heiß begehrt. Schönes Ambiente und besten Kuchen bekommt man im Café & Kunstraum Rosenburg in der Adolfstraße 10 beziehungsweise im Freisitz auf der Platanenallee davor. Vis-à-vis zeigt das Landesmuseum für Vorgeschichte beeindruckende Funde aus Mitteldeutschland, die hier unkonventionell und beeindruckend anschaulich präsentiert werden. Für diejenigen, die schon in Nebra waren oder noch hinwollen – das Original der Himmelsscheibe liegt hier! Über die Reichardtstraße gelangt man ins angrenzende Viertel Giebichenstein. Auch hier lohnen die Blicke über den Gartenzaun. Die Villen sind noch etwas opulenter, die Gärten größer, das Kopfsteinpflaster scheinbar auch. Der Abendsonne entgegen spaziert man hier

weiter Richtung Saale den Advokatenweg gen Nordwesten. Am Ende der Gasse zur Friedensstraße steht das Kirchlein Sankt Bartholomäus. Die Bank davor in der Sonne auf einer leicht erhöhten Terrasse ist ein ganz heißer Kandidat für einen Lieblingsort in Halle.

FAZIT: GRÜNER UND BLUMIGER STADTSPAZIERGANG MIT LECKEREM EIS UND KUCHEN. LIEBLINGSORTE GIBT ES AN JEDER ECKE.

Hin & Weg: Wer von außerhalb kommt, kann die Wanderung an der S-Bahn-Station Steintorbrücke beginnen und an der Station Halle Zoo beenden (5–6 km).

Beste Zeit: Ganzjährig möglich.

Dauer & Strecke: 2–3 Std. und 3 km zu Fuß.

Ausrüstung: Fotoapparat.

CENTRAL PARK OF LEIPZIG

⊱ ... das Rosental ⊰

#17

Vor 300 Jahren ließ der sächsische König August der Starke eine riesige Freifläche in den Auwald von Leipzig schlagen. Ein Lustschloss wollte er bauen, um seine Aufenthalte in der Stadt angenehmer zu gestalten. Die Leipziger vereitelten seine Pläne mit List. Geblieben ist das Rosental mit idealer Himmelsfreiheit zum Drachensteigen, Federballspielen und Auf-der-Decke-Liegen.

Die Giraffen, Zebras und Antilopen schauen gelangweilt über den Wassergraben des Zoos in Richtung großer Wiese, während sich auf der anderen Seite die Schaulustigen sammeln. Es ist eine der schönsten Ideen des Leipziger Zoos, mit dem Zooschaufenster den Blick aus dem Rosental in die Savanne zu öffnen, als wäre man nicht in Leipzig, sondern in Afrika. Oder in New York, denn auch da befindet sich der Zoo direkt an der größten innerstädtischen Wiese der Stadt, am Central Park.

Zu verdanken haben wir sie dem sächsischen König und Baumeister August dem Starken. Seine Pläne, an dieser Stelle ein Lustschloss zu errichten, missfielen den Leipzigern sehr. Sie genossen es schon damals, die Regierenden im fernen Dresden zu wissen und die Politik an der Pleiße nach ihren Vorstellungen zu gestalten. Also erstellten sie ein Gutachten, welches aufs Heftigste davon abriet, an dieser Stelle zu bauen: Der Grund sei sumpfig, das Rosental häufig überschwemmt, es gebe zwielichtige Gestalten und sogar Räuberbanden, die man in den undurchdringlichen Weiten des Waldes auch nicht dingfest machen könne, und nicht zuletzt gebe es ein häufiges Fliegen- und Mückengeschmeiß, welches den Aufenthalt zur Qual mache.

Hin & Weg: Zu Fuß von der Innenstadt, mit dem Fahrrad oder mit den Straßenbahn-Linien 3, 4, 7, 8, oder 15 bis Haltestelle Leibnitzstraße.

Beste Zeit: Immer.

Dauer: 1 Std. – ½ Tag.

Ausrüstung: Decke, Federballspiel, Fernglas, Picknick, Laufschuhe, Hund, Lenkdrachen.

So viel Weite in der Innenstadt ist ein Genuss für Auge und Seele. Nur gut, dass die Leipziger August dem Starken seine einstigen Pläne ausgeredet haben.

Erstaunlicherweise beeindruckte das den König, und so gibt es statt einem Schloss diese schöne Wiese, auf der sich die Leipziger am Feierabend und Wochenende tummeln und während der Classic Open im August tollen Konzerten lauschen. Von den 13 ursprünglich angelegten Alleen gibt es noch acht – sie entfernen sich sternförmig von der Wiese. Wer der richtigen folgt, gelangt nach wenigen Radminuten an den Rosental-Aussichtsturm, der bei den Leipzigern einfach Wackelturm genannt wird. Hier hat man einen herrlichen Blick über die Stadt und gewinnt einen Eindruck von den Dimensionen des Auwalds. Allerdings sind starke Nerven gefragt, wenn man den Turm besteigen will. Denn auch wenn er offensichtlich sehr stabil ist, so schwankt er doch, und man begreift schnell, wie er zu seinem Spitznamen kam.

FAZIT: DIE AUSSICHT LOHNT – OBEN AUF DEM WACKELTURM WIE UNTEN AUF DER WIESE.

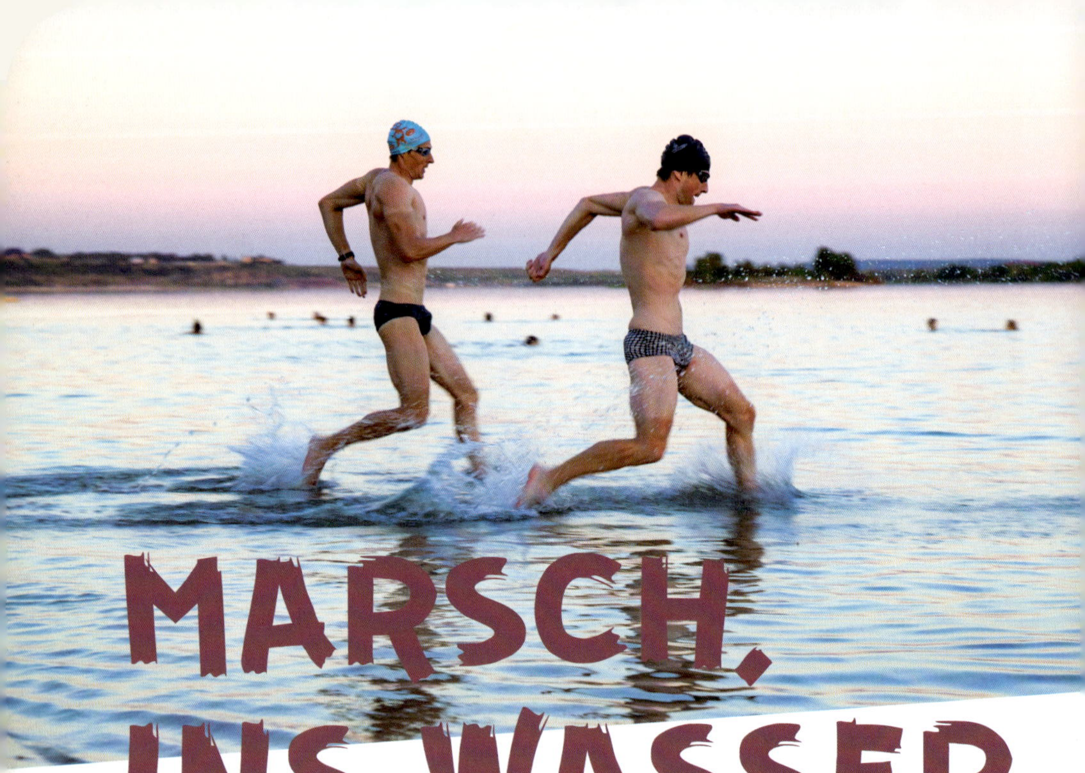

MARSCH, INS WASSER

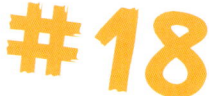

… des Markkleeberger und Cospudener Sees

#18

Die schönste Badestelle bei Leipzig? Den einen Geheimtipp gibt es nicht, dafür sind die Geschmäcker zu verschieden und das Angebot ist zu groß. Eine Erkundungstour mit dem Fahrrad führt auf 25 Kilometern um die beiden nächstgelegenen Seen, den Markkleeberger und den Cospudener See.

#Stadtbadewanne #fastwieinMecklenburg #Neuseenland #SaunaimSee

Am Standbad in Markkleeberg-Ost ist für's leibliche Wohl im doppelten Sinne gesorgt.

Zugegeben, nur ein bisschen, aber doch, man denkt an Versailles, wenn man sich in Richtung Süden durch den Auwald zum Markkleeberger See aufmacht und durch den agra-Park radelt. Schließlich waren die Baupläne für das Weiße Haus vom Lustschloss Petit Trianon inspiriert. Dianatempel und neobarocke Terrassenfiguren fehlen nicht. Ein Stück weiter durch den Park an der Pleiße geht es zum sehenswerten Schloss und Torhaus Markkleeberg und wenig später schon an den Markkleeberger See.

Im Sommer tummeln sich im kostenfreien Strandbad Markkleeberg-Ost viele Familien. Es ist ein schöner, beliebter Platz mit weichem Sand und schattigen Weiden am Ufer. Mit dem kleinen Imbiss am Eingang und erst recht dem guten Restaurant Weinbeißerei (www.weinbeisserei.de) kann man hier auch den ganzen Tag verbringen. Vor allem unter der Woche am Abend ist es hier nett. Dann bevölkern russischstämmige Gäste den Strand und erfreuen mit besonderer Bademode und einem erfrischend ungewohnten sportlichen Eifer.

Der Radweg führt am See weiter, vorbei an immer neuen lauschigen und vor allem weniger besuchten Badebuchten am Wachauer Strand. Erst kurz vor dem Kanupark wird es am Auenhainer Sandstrand wieder lebendiger. Die beiden Tagebaugroßgeräte des Bergbau-Technik-Parks in Großpösna bilden eine imposante Kulisse. Im Kanupark kann Wildwasserfahren im abgesicherten Modus ausprobiert werden. Wer keine Lust hat, schaut von der Caféterrasse aus zu oder kraxelt im benachbarten Klettergarten in schwindelerregende Höhen (www.kanupark-markkleeberg.com und www.kletterparkmarkkleeberg.de).

An der Südostecke wechselt man hinüber zum Cospudener See und trifft nach etwa vier Kilometern auf den Hafen. Hier wird auch im Winter täglich gebadet. Die schönste Sauna

Stadt, die Sauna im See, hat einen direkten Zugang zum Wasser, und allein der Anblick dampfender Nackedeis, die sich, schwer nach Luft japsend, zischend im eiskalten See abkühlen, lohnt diesen Ausflug. Noch besser und gesünder ist es natürlich, wenn man sich selbst traut (www.sauna-im-see.de). Weiter geht es in Richtung Bistumshöhe. Auf einer Anhöhe steht ein Aussichtsturm, der in seiner Bauweise an die Schlote der Fabrikschorn-

Hin & Weg: Start und Ankunft in Leipzigs Innenstadt.

Beste Zeit: An heißen Sommertagen.

Dauer & Strecke: ½–1 Tag und 35 km mit dem Rad.

Ausrüstung: Fahrrad, Badesachen, Schnorchel, Sonnencreme, Picknick, Decke und Lieblingsbuch.

Wer im flachen Land endlich mal richtig weit schauen möchte, sollte den schwindelerregenden Aufstieg auf den Aussichtsturm der Bistumshöhe nicht scheuen.

steine erinnern soll, die einmal das Landschaftsbild prägten. Unterhalb betreibt der moderne Einsiedler Ronny Wenz einen Imbiss. Zum meditativen Chill-out mit Gitarrenklängen und dem meist internationalen Gedankenaustausch auf dem Plateau gibt es Crêpes und Bier (www.shambala-bistumshoehe.de).

An heißen Tagen sucht man sich am besten am Westufer des Cospudener Sees ein schattiges Plätzchen unter Bäumen und Büschen. Einsam ist es hier – und steinig. Sand gibt es ab der Nordwestecke und am gesamten Nordstrand, der Beachpartymeile von Leipzig. Zurück geht es entlang der Weißen Elster bis zur Innenstadt.

> **FAZIT: JEDEM DAS SEINE! PLATZ GENUG IST AN DIESEN HERRLICHEN BADESEEN FÜR ALLE – UND FÜR JEDEN GESCHMACK GIBT ES ETWAS!**

IMPRES-SIONANTE CAMPO-SANTO

⟩ ... Spaziergang auf dem Hallenser Friedhof ⟨

#19

Dieser von fünf Meter hohen Mauern umgebene Friedhof, der sogenannte Stadt-gottesacker aus dem Jahr 1590, beamt seine Besucher aus Raum und Zeit. Zurück in die Renaissance, nach Italien, genauer: nach Pisa.

Verwitterte Grabsteine stehen kreuz und quer auf einer großen Wiese. Dazwischen ragen alte Bäume auf, die die Ehrwürdigkeit dieses Ortes noch unterstreichen. Umgeben ist die Anlage von 94 Grabbogengewölben, deren Grüfte teilweise mit kunstvoll geschmiedeten Eisengittern verschlossen sind. An den Pfeilern zwischen den Bögen ranken sich Ornamente, sie sind mit Putten, Gestalten oder Symbolen geschmückt, auf den Rundbögen stehen Bibelverse des Alten und Neuen Testaments. Der Friedhof ist ein Meisterwerk der Renaissance und in Deutschland einmalig.

Beauftragt hatte ihn Kardinal Albrecht von Brandenburg, Erzbischof in Magdeburg und Mainz, residierend in Halle, nachdem der Rat die innerstädtischen Kirchhöfe als Friedhöfe geschlossen hatte. Der damalige Stadtbaumeister und Steinmetz Nickel Hofmann

machte sein Lebenswerk aus dieser Aufgabe und plante, gestaltete und überwachte den 30 Jahre dauernden Bau. Als Vorbild diente der berühmte Camposanto im italienischen Pisa. Heute gilt der Friedhof als einer der schönsten Deutschlands. Hier ruhen berühmte Hallenser, wie Christian Thomasius, der als »Vater der deutschen Aufklärung« gewürdigte Jurist und Philosoph. Auch die Mutter des berühmten Georg Friedrich von Händel, Dorothea Händel, wurde hier begraben.

Der Friedhof wurde zunächst im Zweiten Weltkrieg schwer zerstört und verfiel danach bis 1990 stark, weil sich schlicht niemand mehr um den Erhalt kümmerte. Die Sanierung wurde möglich durch viele ehrenamtliche Helfer. Sie kostete Millionen, die vor allem durch eine private Stifterin getragen wurden, und dauerte zehn Jahre.

Renaissance der Zeitlosigkeit: Der Stadtgottesacker dient den Hallensern seit dem 16. Jahrhundert als Begräbnisstätte.

Bis zum Spätsommer 2017 haben fünf Bildhauer in enger Kooperation mit dem Denkmalschutz und dem Verein Bauhütte Stadtgottesacker 27 neue Reliefbögen geschaffen. Da die Künstler frei waren, dabei ihre eigene Formensprache zu entwickeln, glückte die gewünschte Mischung aus Rekonstruktion und Neugestaltung. Wer gern mehr darüber erfahren möchte, dem sei das Buch »Ein Requiem in Stein«, erschienen im Mitteldeutschen Verlag, sehr empfohlen.

Hin & Weg: Der Friedhof liegt sehr zentral, 1 km vom Hallenser Hauptbahnhof in nordwestlicher Richtung entfernt.

Beste Zeit: Zu jeder Jahreszeit toll. Am schönsten vielleicht an einem nebeligen Herbstmorgen.

Dauer: 1–2 Std.

Ausrüstung: Zeit, Muße.

FAZIT: WER SICH FÜR EINE STUNDE ERHABEN UND ALS TEIL EINES GROßEN GANZEN FÜHLEN MÖCHTE, IST HIER GENAU RICHTIG.

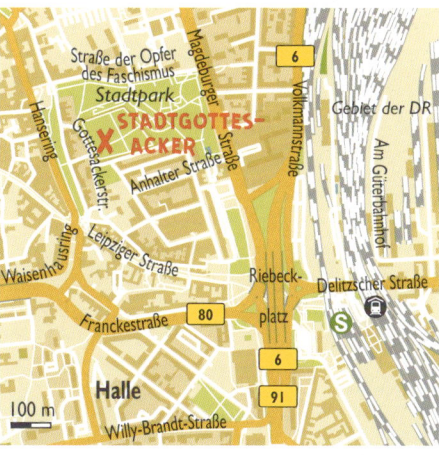

EINFACH LEBEN!

⇒ ... im ehemaligen Kranwerk in Naunhof ⇐

#20

Jeden Sonntagnachmittag öffnet das ehemalige Kranwerk östlich von Leipzig seine Pforten. In der belassenen Struktur einer alten Industrieanlage für Kran- und Hebemaschinen wächst und gedeiht eine subventionsfreie Kulturzone in üppiger Natur. Kaffee und Kuchen, Oasen der Ruhe und jede Menge Inspiration.

Das Kranwerk Naunhof – ein überregional bekannter Ort zum fröhlichen Kulturverbrauchen.

»Lebe einfach, damit alle einfach leben können.« Dieser Spruch steht auf einer Tafel etwas abseits vom Trubel des Nachmittags. In diesem Satz steckt schon so ziemlich alles, was den Ort ausmacht. Dabei bedeutet das »einfache Leben« hier, den Konsum beiseitezustellen und im gegenseitigen Austausch über Generationen und soziale Gruppen hinweg zu lernen, etwas kreativ zu erschaffen, zu diskutieren und bei alledem das Leben zu genießen. Bei einer leckeren Limonade im Garten vor dem Kranwerk sitzend, kommt man schnell mit interessanten Leuten ins Gespräch. Auch mit einer der Initiatoren und Eigentümer des Kranwerks, Iris Diebel.

Die Frau mit den lebendigen Augen und den wallenden Kleidern erzählt gern, und man hört ihr genauso gern zu. Sie bezeichnet sich selbst als politisch unbequem, sprudelt vor Ideen und hat Kraft, diese auch umzusetzen. Dabei ist Eile nicht ihre Sache. Das Kranwerk ist langsam gewachsen ohne jedwede bauliche oder kulturelle Förderung. Darauf ist sie stolz, auch auf die damit einhergehende Unabhängigkeit. Das Kranwerk feierte 2017 sein zehnjähriges Jubiläum. Wirklich bekannt ist es nicht, eher ein Geheimtipp kurz vor dem großen Durchbruch.

Denn das Angebot hat höchstes Niveau. Die Kulturveranstaltungen, die zahlreichen Workshop-Angebote, das Radlercafé am Sonntag, die Gestaltung des Gartens, alles ist sehr authentisch, ressourcenschonend durchdacht, funktional, gepflegt und hat Stil. Freizeit soll nicht »verbraucht«, sondern individuell, natürlich und couragiert gestaltet werden. Zu ihrem 40. Geburtstag hat sich Iris Diebel von ihren Freunden die gemeinsame Pflanzung einer

Pflaumenallee ganz in der Nähe gewünscht. Seit ein paar Jahren finden hier nun die Workshops zum Schnitt von Obstbäumen statt – das passt gut zu ihr.

Das leise, schnelle Klopfen, das man hier immer wieder hört, macht neugierig. Es führt zu den Steinmetzen, die hier unter Anleitung der Künstlerin Kerstin Krieg lernen, Sandstein professionell zu bearbeiten. Gleich um die Ecke ziehen die Spielgeräte aus der Werkstatt der Kulturinsel Einsiedel die Kinder magnetisch an. Überall gibt es etwas zum Naschen und Pflücken, etwas zu schauen oder auszuprobieren. Wenn es mal regnet, ist die große ehemalige Werkhalle ebenfalls ein toller Ort zum Kaffeetrinken, Spielen, Bücher-Ausleihen und Lesen.

Im alten Kranwerk und auf dem Gelände darf der Geist des Erbauers Ernst Heyde weiterleben. Von 1956 bis zur Wende wurden hier unter der Firmierung Leheb Krane produziert. Geschaffenes nicht zu zerstören, sondern Erhaltenswertes zu erhalten und darauf aufzubauen ist das Credo der Kranwerksmacher. Nicht ohne Grund möchten sie mit ihrem Ort ein »Forum zur Verabredung für die Zukunft« schaffen – er ist es schon.

FAZIT: BESONDERE SPIELWIESE FÜR KREATIVE KÖPFE UND KINDER IM AMBIENTE ALTER KRANINDUSTRIEARCHITEKTUR.

Hin & Weg: Mit der S-Bahn ab Leipzig Hauptbahnhof bis Naunhof, dann 5 Min. zu Fuß, oder mit dem Fahrrad ab Leipzig.

Beste Zeit: Von der Landparty (Mitte April) bis zum Quetschfest (Mitte Oktober), danach Veranstaltungen wie der Weihnachtsmarkt und Konzerte. Mehr auf www.kranwerk.com

Dauer: Ein Nachmittag.

Ausrüstung: Ein freier Kopf.

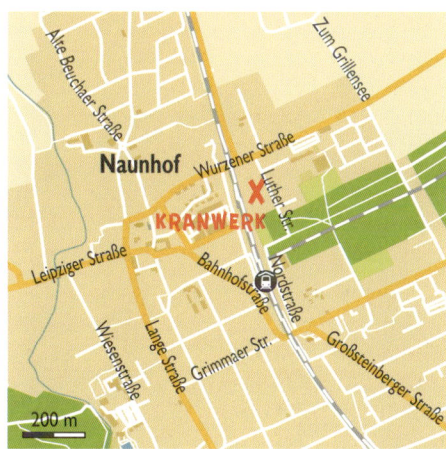

**Keine Finger durch den Zaun stecken,
da die Katzen fest zubeißen können!**

*Don't stick your fingers through the fence
since the cats can bite very hard!*

→ ABSTECHER...

TROPEN-FEELING MITTEN IM WINTER

≥ ... im Leipziger Zoo ≤

#21

Wenn es nieselt, die Füße kalt sind und die Temperaturen um den Gefrierpunkt liegen, obwohl man sich doch eigentlich nach ein bisschen Wärme sehnt, dann gibt es in Leipzig einen Plan B. Jetzt heißt es Notfallset packen, mit Flipflops, kurzärme-ligem T-Shirt und Fotoapparat.

#BaliumdieEcke #UrkontinentGondwana #Tropenfeeling #Komodowaran

Auch er ist ein Bewohner des Urkontinents Gondwana. Wie alle derzeit 140 Arten, die in der Tropenhalle des Leipziger Zoos leben.

Die 16 500 Quadratmeter große Tropenhalle des Leipziger Zoos, die den Urkontinent Gondwana wieder aufleben lässt, empfängt mit geheimnisvoller Dunkelheit. Es geht über blubbernde Lava, dann durch einen schmalen Stollen immer tiefer in die Erde hinein. Tiere und Pflanzen gibt es hier zu sehen, die seit Jahrmillionen nahezu unverändert auf der Erde leben. Aber das Beste von allem: Mit jedem Schritt wird es wärmer.

Dann öffnet sich die riesige Halle. Die Rufe exotischer Vögel hallen über den Urwald, platschend gleiten Zwergflusspferde ins Wasser, sehr angenehme 26 Grad lassen die Kleiderberge schnell in den dafür vorgesehenen Schränken verschwinden. Schon nach wenigen Schritten ist klar: Dieser Ausflug ist betörend für die Sinne. Die Augen können sich am Grün kaum sattsehen. Die Gerüche, die hohe Luftfeuchtigkeit und die Geräusche der Tiere lassen Tropenfeeling aufkommen, selbst wenn gerade Winter ist. Großartig!

»Boah, was für ein krasses Tier!«
Die Tapire lassen sich vom Boot aus am besten beobachten.

Aufgepasst! An einer kleinen Brücke angekommen, müssen alle glitzernden Schmuckstücke, Handys und andere Wertsachen versteckt werden. Nur so darf das Reich der Totenkopfäffchen betreten werden. Auf ihrer eigenen Insel springen sie über Köpfe, balancieren geschickt über schmale Seile und Baumäste. Ganz offensichtlich macht es ihnen sehr viel Freude, Besucher zu erschrecken und nach deren Schätzen Ausschau zu halten. Ein Tag ohne Diebstahl ist selten, sagen die Pfleger. Während die Affen leicht zu beobachten sind, braucht es Zeit und Geduld, bis man die anderen Tiere entdeckt. Denn die Gehege sind so harmonisch eingepasst, dass sie kaum als solche zu erkennen sind. Riesenotter, Ozelote, Zwergflusspferde, ein Komodowaran und viele zum Teil seltene und gefährdete Tierarten leben hier.

Der Regenwald in Gondwanaland wächst wie ein tropischer Dschungel in mehreren Etagen. Die Besucher bewegen sich ebenerdig im wild wuchernden Wald, über Hängebrücken in den Wipfeln der Bäume oder auf dem Fluss entlang. Die 15-minütige Bootsfahrt, die zunächst multimedial durch die Entstehungsgeschichte der Erde führt und dann gemütlich durch den Gondwanadschungel schippert, ist der perfekte Abschluss für diesen Ausflug.

Nieselt es draußen? So richtig durchgewärmt ist es viel besser, bei einem tropischen Drink in der Bambusbar gepflegt abzuhängen oder im asiatischen Restaurant Patakan köstlich zu schlemmen.

Hin & Weg: Von der Innenstadt und vom Bahnhof Leipzig aus ist der Zoo zu Fuß zu erreichen, die Straßenbahnlinie 12 hält direkt vor dem Haupteingang.

Beste Zeit: Immer möglich, aber im Winter besonders schön.
Öffnungszeiten auf www.zoo-leipzig.de

Dauer: 2–4 Std.

Ausrüstung: Flipflops, kurzärmeliges T-Shirt und Fotoapparat.

FAZIT: DAS GONDWANALAND IST AUFLADESTATION FÜR WÄRME- UND LICHTHUNGRIGE IM WINTER. AUßERDEM EINE EXTREM GÜNSTIGE UND ZEITSPARENDE REISE IN DIE TROPEN, IMMER WIEDERHOLBAR, MIT KINDERN FANTASTISCH. BALI KANN SO NAH SEIN!

2. KAPITEL
AUSFLÜGE

#31 #40

#28

EINE BRISE
ADRENALIN
GEFÄLLIG?

#38

#39

#29

#22

#33

#23

#36

#27
#26

VERSCHWUNDENEN
ORTEN AUF DER SPUR

ACHTUNG
GEISTESBLITZ!

#35

#34

#25

#37

#32

#24

#30

Raus für einen Tag

Hinaus ins Grüne oder Blaue, hinein in die schönsten Ecken der Gegend. Ob Wandern, Radeln, Paddeln oder Philosophieren – für jede Laune und jedes Wetter ist etwas dabei.

12 H

SPAZIER-GANG MIT BAD

>– ... an der Saale hellem Strande in Halle –<

#22

Mitten durch die Stadt Halle fließt die Saale und schafft mit ihren natürlichen Auen, Inseln und Verzweigungen einen Erholungsbereich, wie ihn sich kein Landschaftsplaner schöner ausdenken könnte. Hoch über ihrem Ufer steht die Ruine der Burg Giebichenstein. Die perfekte Kulisse für einen entspannten Nachmittagsspaziergang inklusive einem Bad im Fluss.

Hot in Halle: Sommerliche Nachmittage verbringen die Hallenser gern am Saalestrand auf der Ziegelwiese. Daneben der »Lebenskreis«-Brunnen von Horst Brühmann auf dem Domplatz in Halle.

Ausgangspunkt ist der Hallenser Marktplatz. Für Höhenängstliche ist das eher nix, aber allen anderen sei die Besteigung der Marienkirchtürme empfohlen, hier gibt es den besten Blick über die Stadt. Die Überquerung der kleinen Brücke zwischen einem der beiden Turmpaare ist eine echte Prüfung.

Über die Neue Residenz und den Dom kommt man schnell an die Saale. Liegestühle stehen am Wasser beim Café Sonnendeck, das schöne Ausflugsschiff »Elfe« gleitet vorüber, möglicherweise auf einem Tagesausflug nach Merseburg. Ab hier sind immer wieder sonnenanbetende Deckenlieger am Flussufer zu sehen. Halle ist eben eine echte Studentenstadt. Über die Würfelwiese geht es zur Peißnitzbrücke an der Ziegelwiese. Direkt unterhalb der Brücke können stunden- und ta-

geweise Wassertreter, Kajaks, Kanus und Motorboote geliehen werden. Das Peißnitzhaus wird noch saniert, aber das Gartenrestaurant ist schon voll in Betrieb. An ihrem nördlichen Ende wird die Peißnitzinsel wild und romantisch. Sie ist eine von neun innerstädtischen Naturschutzgebieten.

Zurück auf der Ziegelwiese ist bei schönem Wetter ein Kleiderwechsel angesagt. Denn den Stadtstrand darf man sich nicht entgehen lassen. Mitten im Zentrum von Halle an einem schönen Sandstrand ohne Eintritt im Fluss baden gehen: Das gibt es nicht überall! Aber Vorsicht! Die Strömung ist nicht ohne, und wer versucht, das andere Ufer zu erreichen, könnte am Ende eine Wanderung zurück zum Handtuch unternehmen müssen. Das sich nördlich anschließende Riveufer ist die Fla-

niermeile der Hallenser. Große Ausflugs- und Restaurantschiffe liegen fest vertäut und man spaziert direkt am Fluss vorbei an Lehmanns Garten mit den Kletterfelsen, an der Ruine der Burg Giebichenstein und am Amtsgarten. Die letzte liebliche Flussschleife, bevor es hinauf in die Berge geht.

Ja Berge. Oder besser Hügel. Die Klausberge erheben sich zwar nur 50 Meter über den Fluss, aber der Blick zurück ist fantastisch. Die noch vor 150 Jahren lediglich mit Trockenrasen bewachsenen Bergrücken wurden vom damals aktiven »Hallischen Verschönerungsverein« mit Bäumen und Sträuchern bepflanzt. Die Eichendorff-Bank erinnert an den Dichter, der sich für das Lied »Da steht eine Burg überm Tale« hier in den Klausbergen inspirieren ließ. Angeblich. Ganz am Ende der Tour geht es noch einmal in die Wildnis, über die schmale Bogenbrücke auf die Insel und ins Naturschutzgebiet Forstwerder. Von hier ist die S-Bahn-Station Wohnstadt Nord in Trotha gar nicht weit entfernt.

Die Tour lässt sich auch gut auf dem Wasser unternehmen. Dafür am Bootsverleih Halle unter der Peißnitzbrücke das entsprechende Gefährt mieten.

> **FAZIT: ABGESCHIEDENHEIT UND ZIVILISATION LIEGEN BEI DIESEM SPAZIERGANG SEHR NAH BEIEINANDER UND WECHSELN SICH STÄNDIG AB.**

Hin & Weg: Von Halle Hauptbahnhof ist man schnell zu Fuß in der Innenstadt. Und am Ende der Tour ist die S-Bahn-Station Wohnstadt Nord in Trotha leicht zu erreichen.

Beste Zeit: Zu jeder Jahreszeit toll. Aber besonders an einem heißen Sommerbadetag und nachmittags, wenn die Sonne im Westen steht.

Dauer & Strecke: 2–4 Std. und ca. 6 km zu Fuß.

Ausrüstung: Zeit, Badesachen.

ALTE GEMÄUER IN NEUEM GLANZ

>⁚ ... die Schlösser an der Mulde ⁚<

#23

Im südlichen Umland von Leipzig stehen drei Schlösser an der Mulde so nah beieinander, dass sie auf einer einzigen Wanderung entdeckt werden können. Und mit ihnen die sie umgebenden Parks, Schlossherren und Landschaften.

Mit etwas Glück trifft man die Schlossherrin im Kräutergarten oder mit Freunden auf der großen Parkwiese.

Das »Wörlitz Sachsens« wird der Park auch genannt, der sich an das Schloss Machern anschließt. Kaum ist man aus der S-Bahn gestiegen, purzelt man schon hinein in eine weite Parklandschaft mit Pyramide, Hygieia-Tempel und einer Ritterburgruine.

Alle diese Gebäude wurden nur zur allgemeinen »Lustbarkeit« erbaut, ohne jemals eine echte Funktion zu erfüllen. Ganz anders die Ritterburg am Rand des Parks, die über Jahrhunderte von den Freimaurern für geheime Treffen genutzt wurde.

Weiter geht es über die Lübschützer Teiche nach Püchau. Hier kommt DDR-Feeling auf. Ob es an dem sehr günstigen Imbiss beim Zeltplatz und an dessen Besuchern liegt? Jedenfalls steht hier am Wegesrand ein Stasi-Bunker, den ein Teil der Führungsriege der Demokratischen Republik aufgesucht hätte,

wäre der Kalte Krieg nicht kalt geblieben. Wenn die Schlossherrin von Püchau, Benita Goldhahn, zum Himmelfahrtspicknick auf die Lustwiese im Schlosspark ruft, dann eilt der »neue Adel« aus Leipzig und dem Umland herbei. Weiße Tafeltücher werden unter der alten Rotbuche ausgebreitet, jeder hat etwas mitgebracht und sich in historische Gewänder gekleidet. Es wird gemeinsam gesungen, rezitiert und auch über die aktuelle Weltpolitik lebhaft diskutiert.

So nah wie hier, am ältesten urkundlich erwähnten Ort Sachsens, kommt man Schlossherren nur selten. Benita Goldhahn und ihrem Mann hingegen sind gerade diese Begegnungen wichtig.

Sie öffnen die Tore häufig und zeigen ihr romantisches Schloss im Tudor-Revival-Stil gern. Durch schöne Auenlandschaft geht

es weiter über eine schmale Muldebrücke mit Treppenstufen nach Nischwitz. Das Rokkokoschloss ist innen nicht zu besichtigen, aber die ursprünglich französische Parkanlage und das Schlossensemble lohnen den Abstecher. Im Schloss befinden sich heute Wohnungen. Hier könnte man also für vergleichsweise überschaubare Kosten hochherrschaftlich residieren.

Zurück führt die Wanderung ein Stück die Mulde entlang und über die Dörfer Gubnitz und Deuben zur S-Bahn-Station Bennewitz.

Hin & Weg: Ab Halle und Leipzig mit der S-Bahn bis Machern und zurück ab Bennewitz.

Beste Zeit: Zu jeder Jahreszeit toll. Veranstaltungen auf Schloss Püchau unter www.schloss-puechau.de

Dauer & Strecke: Ganzer Tag und 20 km zu Fuß.

Ausrüstung: Picknick, weiße Tücher, Fotoapparat.

FAZIT: DIE DREI SCHLÖSSER ENTLANG DER MULDE SIND DAS EINE, DIE KLEINEN ENTDECKUNGEN UND BEGEGNUNGEN AM WEGESRAND ETWAS GANZ ANDERES.

VON BLÜTEN UND TRAUBEN

... Weinbergwanderung im Blütengrund bei Kleinjena

#24

An den Flüssen Saale und Unstrut von Naumburg bis Freyburg lässt es sich herrlich an alten Weinbergen entlangwandern. Mediterranes Mikroklima und mineralhaltige Böden lassen hier Qualitätsweine reifen. Aber nirgends ist es so schön und duftet so gut wie im Blütengrund bei Kleinjena – besonders im Frühling.

#einmalimBlütenschneeregenwandern #Handseilfährfahrt #Weinhänge

Auf einer Führung durch den Herzoglichen Weinberg mit seinen beeindruckenden Terrassen kann das barocke Weinberg-häuschen besichtigt werden.

»Fährmann hol über!« Ein Seil spannt sich über den Fluss, die Strömung zieht das Boot, hier am Zusammenfluss von Saale und Unstrut, herüber. Dabei lässt sich der Ausblick auf die Kalkfelsenwand und die sich anschmiegenden Häuser im Blütengrund genießen. Wer Glück hat, erwischt einen dieser zauberhaften Tage Ende April oder Anfang Mai, an denen der Grund seinem Namen alle Ehre macht und der Wind die Landschaft in einen weißen Regen aus Blütenblättern hüllt. An den fruchtbaren Ufern gedeihen jede Menge Kirsch-, Apfel- und andere Obstbäume. Auf den Hängen wächst der Wein und verspricht einen mindestens genauso lohnenden Ausflug im bunten Herbst.

Die größte Attraktion am Wegesrand kommt zu allererst: An einer Sandstein-Terrassenmauer ragen zwölf übermannshohe Bildreliefs aus der Wand. Das sogenannte Steinerne Album ist eines der ungewöhnlichsten Denkmäler für Wein und das größte Bildrelief im europäischen Kulturraum, welches je in ein stehendes Felsgestein gearbeitet wurde. Darauf ein Gläschen Wein muss sein! Und zwar jetzt gleich, denn ebenfalls nicht weit vom Fähranleger entfernt liegt das Weinbergcafé malerisch im Max-Klinger-Weinberg. »Wenn die alten Apfelbäume blühen, ist es auch in unserem Café am allerschönsten!«, erzählt Frau Bieler, die Betreiberin. Der berühmte Leipziger Bildhauer und Grafiker Max Klin-

ger hatte ein gutes Händchen, als er sich den Weinberg als Alterssitz kaufte, der Blick auf die Landschaft von hier oben ist grandios. Wer neben Wein, Kaffee und leckerstem selbst gebackenen Kuchen auch noch Lust auf eine Portion Kunst hat, kann sich gleich nebenan in Klingers ehemaligem Wohnhaus und heutigem Museum seine wichtigsten Arbeiten anschauen (www.klinger-weinberg.de).

Herrlich läuft es sich entlang der Unstrut in Richtung Freyburg. Je näher die Stadt kommt, desto beeindruckender ziehen sich die Hänge am rechten Saaleufer in die Höhe. Der Herzogliche Weinberg ist ein historischer Terrassenweinberg und barocker Weingarten. Fast täglich gibt es hier Führungen und zwischen April und Oktober Ausschank (www.herzoglicher-weinberg.de). Wie auch in den vielen

Straußenwirtschaften am Wegesrand. Gar nicht so leicht, auf dieser Strecke nüchtern zu bleiben! Wer das aber so einigermaßen geschafft hat, kann am Zielort in Freyburg noch eine Station einlegen. Denn von hier kommt

---

Hin & Weg: Ab Leipzig Hauptbahnhof mit der Regionalbahn stündlich in 45 Min. bis Naumburg. Danach nicht die Autobrücke über die Gleise nehmen, sondern die Unterführung weiter östlich. Zurück ab Freyburg mit einmal Umsteigen in Naumburg.

Beste Zeit: April–Oktober, besonders schön im Frühling und Herbst. Extratipp: Jedes Jahr am 3. Oktober gibt es eine Weinbergwanderung durch die sonst geschlossenen Weingüter.

Dauer & Strecke: Wer zügig durchläuft, braucht 2 Std., wer überall anhält, einen ganzen Tag. Etwa 7 km zu Fuß.

Ausrüstung: Fotoapparat.

Im Frühling ist der Name Blütengrund Programm. Mit viel Glück findet man auch die seltene wilde gelbe Tulpe.

seit 1856 Deutschlands beliebtester Sekt. Schon wegen des imposanten Domkellers mit seinem Riesenfass lohnt eine Besichtigung mit Führung. Das Fass wurde 1896 aus 25 Eichen gebaut und hat ein Fassungsvermögen von 120 000 Litern. Reinpiksen!, sagt der Instinkt, »nix drin« sagt die nette Führerin (leider nicht im roten Kleid, www.rotkaeppchen-sektkellerei.de). Trotzdem wächst mit dem Anblick des Fasses die Ehrfurcht vor der Weinanbautradition der Region. Prost!

FAZIT: ENTSPANNTE WANDERUNG IN HERRLICHER LANDSCHAFT. HÜBSCHE KLEINE ZIELE AM WEGESRAND, WUNDERBAR FÜR RELAXTE PAUSEN, KULTUR UND LERNEN INKLUSIVE. VORSICHT ALKOHOL!

FRIEDRICH NIETZSCHE
GESAMMELTE WERKE

NEUNZEHNTER BAND

ALSO SPRACH ZARATHUSTRA

⇒ ... in Röcken zwischen Leipzig und Halle ⇐

Hier? In diesem winzig kleinen Dorf Röcken im Nirgendwo zwischen Leipzig und Halle soll das Leben des berühmten Denkers und Philosophen Friedrich Nitzsche seinen Anfang und auch sein Ende gefunden haben? Schwer vorstellbar, aber wer einmal hergefunden hat, versteht es: genau hier!

Nietzsches Konterfei aus der Skulpturen-
gruppe »Röckener Bacchanal« von Klaus
F. Messerschmidt.

So mag es hier schon vor 168 Jahren ausgesehen haben, als ein kleiner fünfjähriger Junge aus der Dorfschule kommend um die Kir-
chenecke flitzte, durch ein Hoftor schlüpfte
und zuhause war. Im Pfarrhaus von Röcken,
denn der Vater des kleinen Friedrich war der
angesehene und sehr beliebte Geistliche des
Dorfes, Carl Ludwig Nietzsche.

Aber die Idylle währte nicht mehr lang. Nur
ein Jahr später starb der Vater an einer rät-
selhaften Erkrankung des Gehirns qualvoll

und Friedrichs kleiner Bruder folgte ihm nur
wenige Monate später. Die Familie musste
das Pfarrhaus in Röcken verlassen und ging
nach Naumburg. Für den kleinen Nietzsche
war es das frühe und abrupte Ende einer
schönen Kindheit. Und ein Trauma, das vielleicht mit dafür verantwortlich war, dass sich
der Zweifel an allem Göttlichen so stark in
seinem Werk manifestierte.

Von Naumburg ging es dann weiter an die
bekannten Stationen seiner Biografie: Schul-

Im ehemaligen Wohnhaus der Familie ist ein als Veranstaltungsraum genutztes Zimmer für die Öffentlichkeit zugänglich.

nem ersten geistigen Zusammenbruch kehrte Nietzsche wieder nach Naumburg zurück und ging schließlich nach Weimar, wo seine geschäftstüchtige Schwester ein Nietzsche-Archiv eröffnet hatte. Dort war er, in der letzten Station seines Lebens, das wertvollste Ausstellungsstück in seinem eigenen Museum.

Mit Geld und guten Worten hatte die Schwester Elisabeth im Jahr 1900 nach Nietzsches Tod den damaligen Pfarrer der Gemeinde Röcken umstimmen können und eine Beerdigung des atheistischen Philosophen in der Familiengruft erwirkt.

Für die Anhänger des später von den Nationalsozialisten für ihre Ideologie instrumentalisierten Nietzsche wurde das weltferne Röcken ein heimlicher Pilgerort. So blieb es auch in der DDR, als man sich wegen seiner »Nazi-Vergangenheit« offiziell von ihm abwandte,

und Studienzeit in Schulpforta und Leipzig, ein Jahrzehnt als Professor der Klassischen Philologie in Basel, die Zeit als freier Philosoph in Sils-Maria, Nizza und Turin. Nach sei-

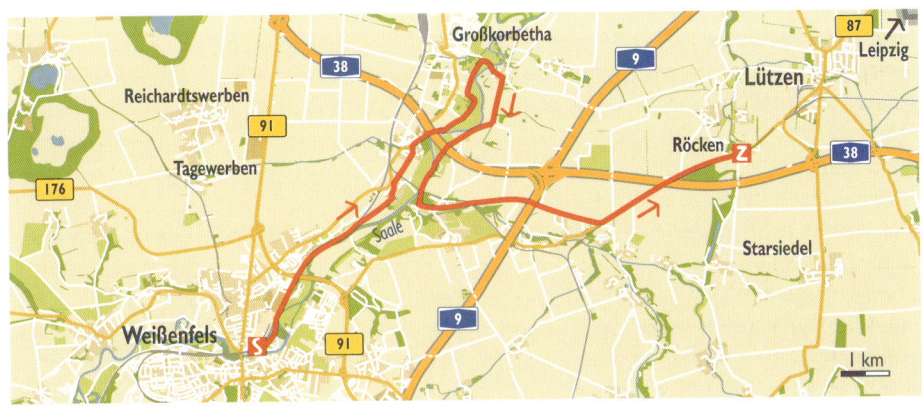

Rechts: Die Ruine der Kirche in Pobles ist in einem bedauerlichen Zustand. Seit ein Investor das Grundstück vor wenigen Jahre erwarb, ist die Ruine nicht mehr zugänglich und verwildert.

aber das Grab in Ruhe ließ und es 1987 sogar unter Denkmalschutz stellte. Und so ist Röcken irgendwie auch heute noch ein Ort des stillen Gedenkens, mit einer kleinen musealen Gedenkstätte. Mit einem Lennon-Grab hat das hier wenig zu tun, auch wenn sich Gäste aus aller Welt hierher verirren. Es scheint, dass Friedrich Nietzsche international bekannter ist als hier, im Dorf und in der Gegend.

Davon zeugt auch der Zustand der Kirche des Nachbardorfes Pobles, nur sechs Kilometer von Röcken entfernt. Hier lebten die Großeltern mütterlicherseits. Nietzsches Opa war Pfarrer des Dorfes. Der kleine Friedrich ist oft von Röcken nach Pobles spaziert, und so ist jeder herzlich eingeladen, noch ein Stück auf den Spuren des Philosophen zu wandern.

FAZIT: »DIE WELT — EIN TOR ZU TAUSEND WÜSTEN STUMM UND KALT! WER DAS VERLOR, WAS DU VERLORST, MACHT NIRGENDS HALT.« EINEN TAG AUF NIETZSCHES SPUREN WANDERN.

Hin & Weg: Mit dem eigenen Auto oder mit der S-Bahn nach Weißenfels, dann dem Saale-Radweg über Dehlitz nach Rippach folgen; auf den Elster-Saale-Radweg abbiegend, kommt man nach wenigen Kilometern nach Röcken (insgesamt 14 km). Von Röcken aus sind es 24 km bis ins Stadtzentrum von Leipzig.

Beste Zeit: Ganzjährig möglich.

Dauer & Strecke: ½–1 Tag.

Ausrüstung: Ein Buch von Nietzsche.

ROMANTISCHER GEHT'S NICHT

... als im Schlosspark in Lützschena

#26

Schafe am Fluss, der Diana-Tempel im Schlosspark und ein Glas Gose zur Stärkung in der Domholzschänke: Die beschauliche Radtour führt entlang der Luppe bis zum englischen Landschaftsgarten des Leipziger Unternehmers und Kunstsammlers Maximilian Speck von Sternburg.

Der Schlosspark Lützschena beherbergte ursprünglich viele Skulpturen, von denen die meisten nach 1945 verloren gingen. Die Statue des Apollino (Bild rechts) wurde im April 2011 an ihrem historischen Standort wieder aufgestellt.

Los geht's an der Sachsenbrücke in Leipzig, dem Zentrum der unmotorisierten Mobilität. Es fühlt sich an, als träfen hier alle Radwege der Stadt aufeinander.

Vorbei am Palmengartenwehr, am Richard-Wagner-Hain und am Stadion des neuen Erstligisten RB Leipzig wird es mit jedem Kilometer ruhiger. Der Radhighway wird schmaler und führt in ausholenden Schwüngen immer dicht am Wasser entlang aus der Stadt hinaus in Richtung Westen. Hier kann man Kinder Blumen pflücken sehen und manchmal reiten stolze Pferdebesitzer auf ihren Rappen.

Wie vor 200 Jahren grasen die Schafe am Ufer der Luppe bei Lützschena. Damals kaufte hier ein junger Mann, Maximilian Speck, ein heruntergekommenes Rittergut. Dem neuen Besitzer gelang es, das Gut durch erfolgreiche und innovative Unternehmungen zu neuer Blüte zu führen. Er war ein Kunstkenner und bedeutender Mäzen, seine Bilder boten den Grundstock für die Sammlung des Museums der Bildenden Künste in Leipzig. So groß war sein Ansehen, dass er 1829 aus der Hand des bayerischen Königs den erblichen Adelstitel erlangte.

Die wahre Leidenschaft des nunmehr Ritters Maximilian Speck von Sternburg aber war der Garten. Von seinen vielen Reisen ins Ausland brachte er Inspirationen mit. So ist die Dramaturgie des Gartens die der englischen Gartenbauer des 18. Jahrhunderts: Stimmungen wie Fröhlichkeit, Nachdenklichkeit, Trauer und Hoffnung prägen den Weg durch den Park. So ist es wohl auch kein Wunder, dass

Die weitläufigen Wiesen des Luppeufers ziehen Hunde- und Pferdebesitzer, Angler und Spaziergänger an.

Scharen junger Hochzeitspaare für die Foto-session nach Lützschena pilgern. Denn der Diana-Tempel in seiner Mitte gilt als der ro-mantischste Ort der Gegend.

So viel Draußensein macht durstig. War-um also nicht auf dem Heimweg noch einen Schlenker zur Domholzschänke einlegen? Dort wird ein besonderes obergäriges Bier ausgeschenkt, die Gose, welches sich sicher auch schon der Ritter von Sternburg hat schmecken lassen.

Tipp: Die Kultur- und Umweltbildungsein-richtung Auwaldstation (www.auwaldstation.de) bietet regelmäßig Führungen durch den Schlosspark an. Für eigene Erkundungen kann man sich dort auch Audioguides aus-leihen. Der Park ist übrigens das ganze Jahr über frei zugänglich.

FAZIT: BEI DIESER RADTOUR EINFACH DIE SEELE BAUMELN LASSEN UND DABEI NOCH ETWAS ÜBER DIE GESCHICHTE DER REGI-ON LERNEN.

Hin & Weg: Von der Sachsenbrücke im Clara-Zetkin-Park in Leipzig an der Luppe entlang in Richtung Westen.

Beste Zeit: Ganzjährig.

Dauer & Strecke: Wenn man sich Zeit lässt, ist ein ganzer Tag dafür perfekt. 25 km mit dem Rad. Für Erlebnishungrige kann die Tour auch gut mit der Auwaldtour (Eskapade #6) kombiniert werden.

Ausrüstung: Fahrrad, Picknick.

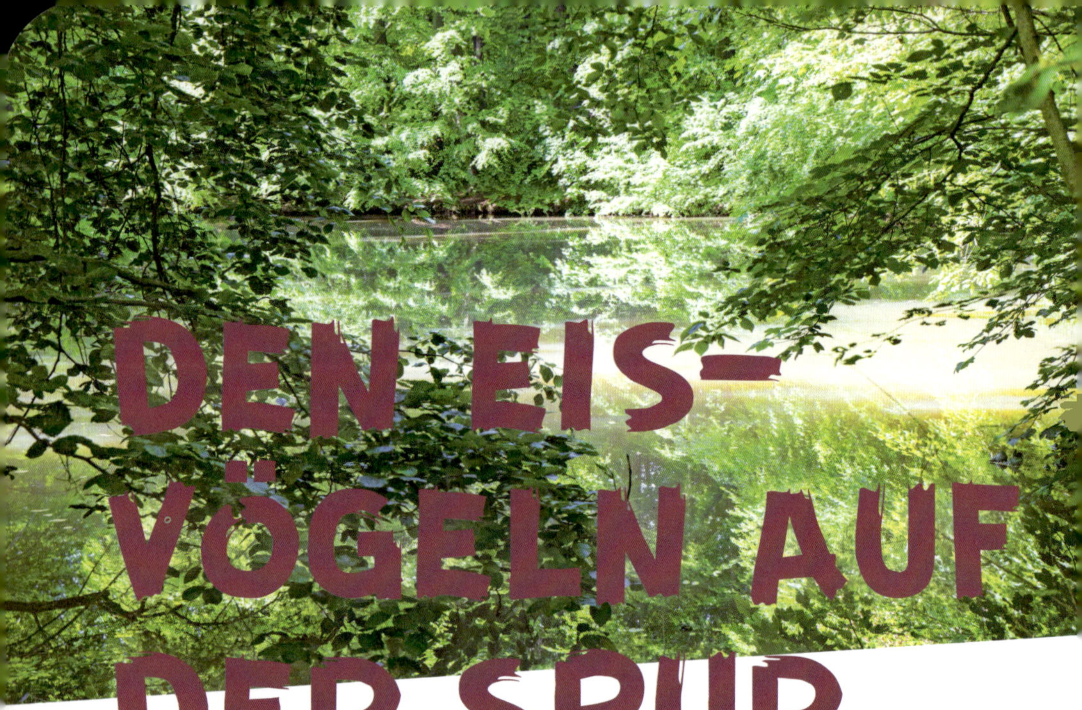

DEN EIS-VÖGELN AUF DER SPUR

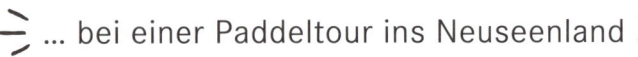

… bei einer Paddeltour ins Neuseenland

#27

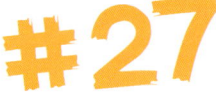

Wo im 16. Jahrhundert Flößer das Holz in die umliegenden Städte und Salinen brachten, paddeln heute Ausflügler in Booten von Leipzigs Innenstadt ins Neuseenland. Wer Glück hat, bekommt einen seltenen Vogel zu Gesicht.

#intothewild #Floßgraben #Armmuskeltraining #Eisvogelfenster

Volle Kraft voraus! Spätestens auf dem Floßgraben müssen alle mitpaddeln, denn dort ist die Strömung besonders stark.

Diese Tour beginnt am Leipziger Stadthafen. Das schreibt sich so leicht hin, dabei gibt es diesen Hafen erst seit wenigen Jahren. Er ist ein Resultat des engagierten Projektes »Neue Ufer«, welches die zu DDR-Zeiten massiv unterirdisch kanalisierten, weil völlig verschmutzen Flussläufe wieder freilegt. Ein immenser Gewinn für die Stadt, aus kultureller, städtebaulicher und naherholungstechnischer Sicht.

Ein Motorboot kommt nicht infrage. Diese Tour kann nur mit eigener Muskelkraft bewältigt werden. Denn die Befahrung des Floßgrabens, der einzigen direkten Wasserverbindung ins südliche Neuseenland, unterliegt strengen Auflagen. Hier nistet und brütet ein seltener und stark geschützter Vogel – der Eisvogel. Der sucht sein Futter im klaren Wasser des Flusses, Aufwirbelungen durch Boote sind da kontraproduktiv. Deshalb müssen sich Paddler auch an »Öffnungszeiten« halten: Von April bis Ende September kann der Floßgraben nur in den Zeiten von 11 bis 13 Uhr, von 15 bis 18 Uhr und von 20 bis 22 Uhr befahren werden.

Zunächst aber geht es vom Stadthafen aus durch die Stadt. Auf dem Elstermühlgraben bis zum Elsterflutbett, wo viele Profi-Wasser-

Der Waldsee Lauer mit seinen wenig frequentierten Badebuchten.

die Passage dieses Abschnittes reichen? Immerhin sind es knapp vier Kilometer bis zum Waldsee Lauer, und das Ordnungsamt wacht streng über diese Auflage. Selbst wenn man den bunten, seltenen Vogel nicht entdeckt: Hier gibt es wilde Natur, wie man sie so nah an der Stadt niemals vermuten würde ... und das Zeitfenster reicht.

Am Markkleeberger Waldsee Lauer finden sich diejenigen ein, denen es am Cospudener See zu trubelig ist. Dafür ist hier die Wasserqualität – zumindest im Spätsommer – nicht mehr so gut wie im deutlich größeren Nachbarsee. An der Schleuse zum liebevoll genannten Cossi warten meist einige Boote, das Ziel ist jetzt nah. Oder besser die Halbzeit, denn zurück muss man ja auch wieder.

sportler trainieren und Liebespärchen am Ufer sitzen. Von der Sachsenbrücke, dem Epizentrum der Hipster, schallen Tanzmusik und Stimmengewirr. Am gar nicht goldenen »Goldenen Reiter« des Künstlers Ritchie Riediger halten wir uns links und biegen auf die Pleiße ab. Bald schon erreicht das Boot die Schleuse Connewitzer Wehr. Danach führt der Kanal durch die wunderschöne naturbelassene Landschaft des Auwaldes sowie einen Teil des Wildparks immer weiter in Richtung Süden, bis auf der rechten Seite der Abzweig zum Floßgraben kommt. Etwa zwei Stunden braucht man bis hier, die Hälfte der Strecke ist jetzt geschafft.

Unerwartet stark ist die Strömung, mit der das kleine Kanälchen sein Wasser in die Pleiße drückt. Wird das Eisvogel-Zeitfenster für

Am Cossi ist dann Zeit für eine Pause. Entweder bei selbst mitgebrachtem Kaffee und Kuchen oder im Strandcafé des Seehauses Cospuden, das weiß am Ufer der Ostseite leuchtet (www.seehaus-cospuden.de). Gestärkt geht es dann auf demselben Weg zurück nach Leipzig.

Alternativ gibt es für Abenteuerlustige auch eine Route über die Weiße Elster zurück. Hierfür braucht es aber etwas Paddel-Erfahrung, da einige Streckenabschnitte – freundlich ausgedrückt – eine höhere Fließgeschwindigkeit aufweisen. Außerdem ist ein Bootswagen nötig, da eine etwa 500 Meter lange nicht befahrbare Strecke umtragen werden muss. Dafür auf der Westseite des Sees, etwa in der Mitte, auf einen Betonsockel achten – die Ausstiegsstelle für den Plan B.

Urbaner Gewässerknotenpunkt und Tor ins Leipziger Neuseenland: Der Stadthafen, der Leipzig seit 2014 zu einer Hafenstadt macht.

FAZIT: AUCH WENN MAN KEINE EISVÖGEL ENTDECKT, EINE »WILDE« TOUR.

Hin & Weg: Der Stadthafen ist 1 km vom Leipziger Markt entfernt und fußläufig bequem zu erreichen.

Beste Zeit: Jederzeit möglich, wenn man Lust hat, in einem Boot zu sitzen. Auf Eisvogel-Brutzeiten achten!

Dauer & Strecke: Ganzer Tag und 14 km mit dem Paddelboot.

Ausrüstung: Boot, Paddelkarte, Fernglas, Fotoapparat, Badesachen, Picknick. Bootsverleih unter www.stadthafen-leipzig.com.

GLASKLAR GLITZERNDE GOITZSCHE

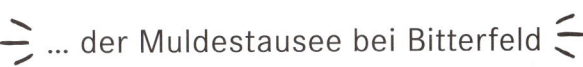 ... der Muldestausee bei Bitterfeld

#28

Wo einst die schmutzigste Stadt Europas in gelblich-grünem Nebel versank, glitzert heute der Muldestausee Goitzsche. Auf der 25 Kilometer langen Radrunde um den See gibt es viel Kunst zu entdecken und herrliche Strände locken zum Bad in glasklarem Wasser.

Die ehemalige Fabrikantenvilla der Familie Biermann beherbergt heute ein Hotel, Ferienwohnungen und ein Restaurant. Daneben: der Pegelturm auf dem Goitzschesee.

»Schornsteine, aus denen die Flammen schlugen, ein Höllengestank nach faulen Eiern, jedes Haus, jeder Stein war schwarz, die endlosen Fabriken neben den Gleisen, Schlot an Schlot, dunkle Burgen, durch rostende Rohre und Röhren miteinander verbunden ...« So beschreibt der Leipziger Schriftsteller Clemens Meyer seine Kindheitserinnerungen an die Region Bitterfeld.

Millardenschwere Investitionen waren nötig, um diese Umweltkatastrophe nach der politischen Wende von 1989 auszumerzen. Die EXPO 2000 war ein großer Katalysator, deren Kunstprojekte die 180-Grad-Drehung zu vollführen halfen. Genauso wie die große Flut von 2002, als sich der Fluss Mulde im Strom des Vergessens über die einstige Braunkohlegrube legte: Ein Staudamm des Flüsschens brach und der Tagebau lief in Rekordzeit voll.

Damit verschwand die schmutzige Vergangenheit vier Jahre früher als geplant unter dem Goitzschesee. Die ehemalige Fabrikantenvilla der Familie Biermann am nördlichen Ende der Stadt hat mehr von einem Schloss als von einer Villa. Ihre Silhouette übertüncht die Künstlichkeit der neu angelegten Wildnis. Im Tagebau zu ihren Füßen wurde Bernstein gefördert und an der Ostsee als Souvenir an Touristen verkauft. Heute schaukeln hier Schiffe im Wind. Im Hafen liegt auch das über 100 Jahre alte Plattbodenschiff MS Reudnitz, mit dem Skipper Ingo Otto an den Wochenenden in See sticht. Er ist Nachfahre eines echten Piraten, sagt er.

Eine Bucht weiter ragt das Wahrzeichen der Goitsche 26 Meter aus dem Wasser – der Pegelturm. Ein architektonisches Highlight und nichts für Höhenängstliche, denn als »Gelän-

der« dient nur ein dünnes Drahtgeflecht. Hier gibt es den besten Aus- und Überblick über die anstehende Radrunde: einmal rum um den See, von Bitterfeld nach Bitterfeld. Und am Uferstrand mit echtem Ostseesand und einigen Cafés fühlt man sich fast wie am Meer.

Mehr als ein Dutzend Buchhandlungen und Antiquariate wagen mit dem Buchdorf Mühlbeck-Friedersdorf ein Experiment der Spezialisierung, und im Wakepark Goitzsche können sportbegeisterte Wasserratten mit 30 Kilometern pro Stunde über den See sausen.

Danach wird es einsamer. Auf der Halbinsel Pouch ragen seltsame Kegel aus der Landschaft. 18 Jahre nach der EXPO stemmt sich das Kunstprojekt wacker gegen die Verwitterung und erinnert an die Bergbaugeschichte der Region. Rehe springen über die Wege. Schöne Badestellen und Picknickplätze gibt es hier. Bitterfeld am anderen Ufer scheint weit. Das ist es auch, denn ab hier sind es noch locker 16 Kilometer zurück nach Bitterfeld. Brombeerhecken und nachwachsender Renaturierungswald dominieren die Landschaft. Viele sehen das sportlich und sausen mit dem Rennrad oder mit Skatern um den See, denn der gesamte Weg ist gut asphaltiert.

Auf der Halbinsel Pouch sagen sich nicht nur Fuchs und Hase gute Nacht.

Hin & Weg: Ab Leipzig Hauptbahnhof mit der S2 in 30 Min. bis Bitterfeld.

Beste Zeit: Ganzjährig möglich, aber am schönsten im Sommer, wenn die Badestellen wirklich genutzt werden können.

Dauer & Strecke: Wer immer wieder anhält, braucht einen ganzen Tag für die 30 km.

Ausrüstung: Fahrrad, Badesachen.

FAZIT: SCHÖNE UND SPORTLICHE RADRUNDE MIT ABWECHSLUNGSREICHEN AKTIVITÄTEN AM WEGESRAND.

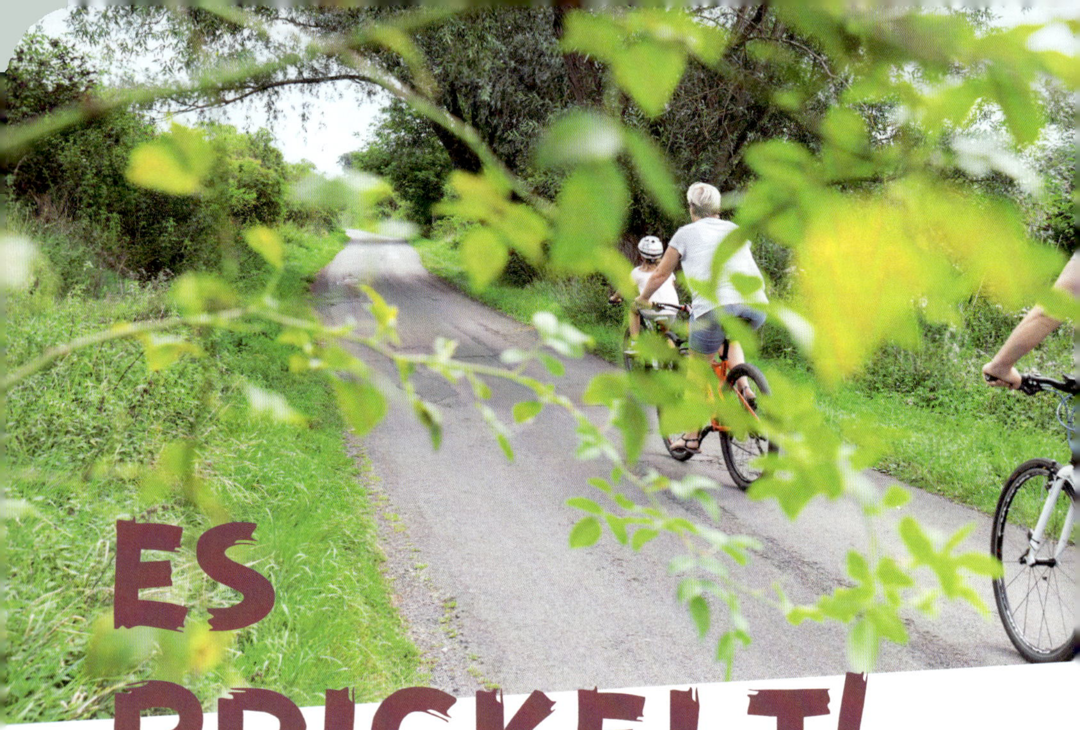

ES PRICKELT!

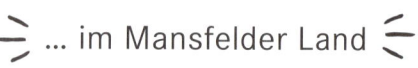

... im Mansfelder Land

#29

Süßer See, Salziger See, saurer Wein und kühler Luther – wie passt das denn zusammen? Auf einer etwa 30 Kilometer langen Radtour entlang der »blauen Augen« des Mansfelder Landes von Röblingen am See über Höhnstedt und Seeburg nach Eisleben findet sich ein Puzzlestein zum anderen.

#süßundsalzig #Luther #WeinverkostungmeetsRadtour

Imposante Kulisse am Süßen See: Schloss Seeburg.

Der Salzige See zwischen Röblingen und Aseleben war einmal das größte natürliche Binnengewässer Mitteldeutschlands mit einem außergewöhnlich hohen Salzgehalt. Nach der bergbaubedingten Trockenlegung ist davon kaum noch etwas übrig. Ruhig und einsam ist es in diesem Naturschutzgebiet, zahlreiche Vogelarten brüten und rasten hier.

Die Radtour führt vom Bahnhof auf dem Himmelsscheibenradweg bis nach Aseleben. Am Süßen See biegt der Weg nach rechts ab. Ob der Süße See nun besonders süß ist? Auf jeden Fall ist das Seeburger Schloss eine eindrucksvolle Kulisse! Eine osteuropäische Airline hat es gekauft und es ist, bis auf den Eingangsbereich zum Gelände und das Weingut Schloss Seeburg, nicht mehr zu besichtigen. Bevor es aber zum Schloss geht, biegt der Weg unterhalb der Seeburger Kirche rechts ab in Richtung Rollsdorf und führt durch die Weinhänge nach Höhnstädt. Hier, in einem der nördlichsten Weinanbaugebiete Deutschlands wird natürlich kein saurer Wein produziert, sondern herbe, trockene, prickelnde Tropfen wie Riesling, Traminer und Weißburgunder mit einem feinwürzigen, dezenten Bouquet. Auf dem Hof des Weingutes Hoffmann in der alten Schrotmühle können gute Tropfen verkostet werden (www.weingut-hoffmann-alte-schrotmuehle. de). Anschließend geht es wieder hinunter an den Süßen See, auf eine schmale Straße und

nun endlich auch am Schloss vorbei. Danach immer weiter dicht am Ufer entlang bis nach Wormsleben. Kurz hinter dem Dorf wird es plötzlich frostig.

Denn hier, wo ganz in der Nähe Wein gedeiht, gibt es einen Taleinschnitt und damit eine »kalte Stelle«. Sehr wahrscheinlich ist sie Schuld an Martin Luthers Tod. Denn als dieser am 28. Januar 1546 nach Eisleben reiste, um einen Streit mit dem Mansfelder Grafen zu schlichten, ereilte ihn eben hier der kalte Wind.

Wie er seiner Frau schrieb, wollte dieser ihm »das Hirn zu Eis machen«. Er wurde so krank, dass er seinen Geburtsort Eisleben, in dem er nie gewohnt hatte, nicht mehr verlassen konnte und verstarb.

Das beschert dem Ort heute segensreiche Aufmerksamkeit. Besucher aus aller Welt kommen, um sein Geburts- und das Sterbehaus sowie die Kirchen, in denen er wirkte, zu besichtigen.

Ein architektonisches Highlight ist der Innenraum der Petrikirche, Luthers Taufkirche, die mit der Umgestaltung und Sanierung anlässlich des 500. Jahrestages der Reformation

Hin & Weg: Ab Leipzig bzw. Halle bis zur S-Bahn-Station Röblingen am See, zurück ab Eisleben.

Beste Zeit: Jederzeit möglich.

Dauer & Strecke: Ganzer Tag und 30 km mit dem Rad.

Ausrüstung: Fahrrad, Radkarte, Picknick.

Eisleben ist eine der ältesten Städte zwischen Harz und Elbe. Ihr berühmtester Bewohner war Martin Luther, der hier geboren und getauft wurde, seine letzten vier Predigten hielt und hier auch verstarb.

einen modernen Taufbrunnen bekommen hat. Von ihm aus ziehen sich konzentrische Kreise wie bewegtes Wasser auf Betonboden durch den gesamten Kirchenraum.

FAZIT: IMMER SCHÖN WARM ANZIEHEN, GANZ SICHER ABER AUF DIESER TOUR!

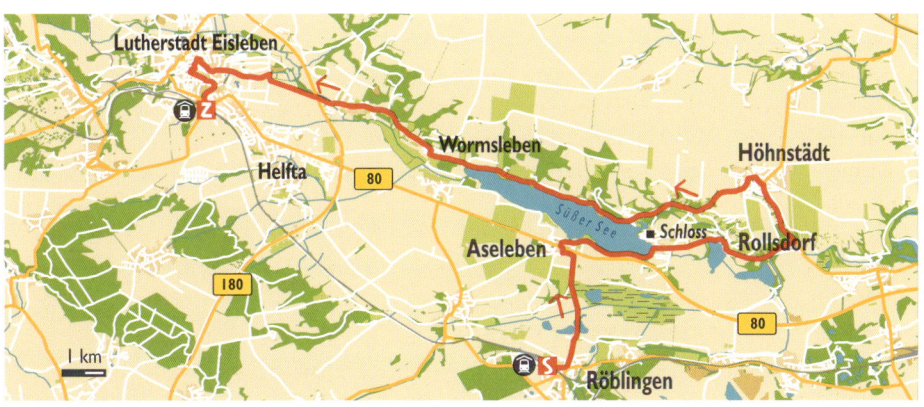

SEEN AM LAUFENDEN BAND

 ... von Altenburg an die Adria

#30

Das schöne Städtchen Altenburg ist mit dem Anschluss ans S-Bahn-Netz näher an Leipzig und Halle herangerückt. Ab Schelchwitz führt der Pleiße-Radweg auf circa 70 Kilometern vorbei an schönen Badeseen und interessanten Orten zurück nach Leipzig. Oder man steigt schon eher wieder in die S-Bahn, zum Beispiel kurz hinter der »Adria« in Espenhain.

#bestesEiscaféimAltenburgerLand #Tagebauaktiv # Schillercafé #Wahnsinnsaussicht

Der Hasselbacher See ist ein Paradies für Wassersportler und badehungrige Gäste an heißen Sommertagen.

Berühmt ist Altenburg für das Lindenau-Museum, und dieses wiederum für seine Sammlung früher italienischer Tafelbilder von Meistern aus Siena, Florenz und Umbrien aus dem 13. bis 16. Jahrhundert. In Sonderausstellungen ist aber auch die junge Kunst regelmäßig zu Gast in dem prachtvollen Gebäude. Durch den Schlosspark geht es in nordöstliche Richtung aus der Stadt hinaus nach Schelchwitz.

Die Radtour folgt ab hier dem Flüsschen Pleiße. Im Dorfkern von Windischleuba stehen alte Vierseithöfe in einer gut erhaltenen his-torischen Dorfstruktur und im Wasserschloss ist eine Jugendherberge untergebracht. Die Pleiße speist das Rückhaltebecken der Talsperre Windischleuba mit ihrem Wasser. Im Spätsommer zur Brombeerzeit lohnt es sich, einen Behälter für mögliche Ernteerfolge einzupacken, denn Hecken mit dicken Früchten gibt es hier reichlich – und Brombeermarmelade ist die beste!

Die Hasselbacher Teiche sind ein Refugium für Zug- und einheimische Vögel. Vom hölzernen Aussichtsturm lassen sie sich gut

beobachten. Eine ganz andere Aussicht bietet sich wenig später in Deutzen: Riesige Bagger und Kohleförderanlagen graben sich in den noch aktiven Tagebau Schleenhain. Während es sich gleich nebenan, im Speicherbecken Borna, einem Tagebaufolgesee, den die Einheimischen liebevoll »Adria« nennen, vorzüglich baden, surfen und segeln lässt. Auch der Hainer See war einmal ein Tagebausee. Heute im Besitz einer GmbH wird er ordentlich vermarktet. Schicke moderne Villen verbauen den Uferblick in Kahnsdorf. Altes und Neues wurde hier kaum miteinander verwoben. Was schade ist, denn der Dorfkern mit Rittergut, Schillercafé und Park ist eine Oase für Auge und Gaumen. Über Gestewitz und Eula geht es nach Kitzscher. Dieser Umweg muss sein, denn der Eisdiele in dem Ort eilt der Ruf bis nach Leipzig voraus. Und tatsächlich scheinen sich alle Personen hier auf einen magischen Punkt zuzubewegen. Es ist eine flache Baracke vor einem sogenannten Altneubau aus den 1960er-Jahren – Ostcharme pur.

Eine Menschenschlange wickelt sich um das Gebäude mit dem kleinen Fensterchen, durch welches die kalte »heiße« Ware gereicht wird. Mit dem aufs Angenehmste gefüllten Bäuchlein geht es weiter in Richtung Mölbis. Die von dort aus auf einem Lehrpfad zu erwandernde ehemalige Abraumhalde Trages entwickelt sich seit der Jahrtausendwende zu einem Naherholungsgebiet. Endlich mal ein Berg! Auf dem Gipfelplateau steht ein 33 Meter hoher Aussichtsturm. Oben angekommen, schwebt man über allem und fühlt sich wie eben mit einem Ufo gelandet. Der Blick über die Landschaft ist fantastisch.

Von der Aussichtsplattform auf dem Turm der Halde Trages staunen die Kleinen ganz groß. Links: Ein Päuschen auf dem Rittergut Kahnsdorf.

FAZIT: ABWECHSLUNGSREICHE RADTOUR DURCH DAS ALTENBURGER LAND MIT KAFFEE, EIS UND INTERESSANTEN AUS- UND EINSICHTEN.

Hin & Weg: Ab Leipzig bzw. Halle mit der S-Bahn nach Altenburg, zurück ab der S-Bahn-Station Espenhain.

Beste Zeit: Jederzeit möglich.

Dauer & Strecke: Ganzer Tag und 70 km mit dem Rad.

Ausrüstung: Fahrrad, Badesachen, Fernglas, Brombeersammelbehälter (im Spätsommer).

NERVEN-KITZEL

≥ ... an der Rappbodetalsperre bei Wendefurth ≤

#31

Rekorde, Rekorde ... Die längste Doppelseilrutsche Europas saust über die höchste Talsperre Deutschlands in die Tiefe, an deren Staumauer man mit etwas Mut und am Seil befestigt 44 Meter hinabrennen kann. Aber das ist noch nicht alles. Neuerdings spannt sich hier eine der längsten Hängebrücken der Welt über den Fluss Rappbode und lockt Adrenalinjunkies.

Von allen Abenteuern, die an der Rappode-
talsperre erlebbar sind, ist die Überquerung
der Hängebrücke mit Sicherheit die am leichtesten zu bestehende. Trotzdem hat sie es in
sich! 100 Meter über dem Tal, nur von Draht-
seilen gehalten, die sich mit der gewaltigen
Zugkraft von 947 Tonnen in den Schieferfel-
sen beider Talseiten krallen, schwankt die
Brücke gewaltig. Das durchsichtige Trittgitter
sowie das seitliche, nicht allzu hohe Draht-
netz verstärken die Ausschüttung des Stress-
hormons Adrenalin definitiv. Höhenängstliche

Nichts für Höhenängstliche: Auch wenn kein Lüftchen weht, schwankt die Brücke beachtlich.

sollten die fast 500 Meter lange Brücke lieber meiden und sich das Schauspiel von der Staumauer aus anschauen.

In der Mitte der Brücke können besonders Mutige allein oder zu zweit einen 75 Meter tiefen Pendelsprung wagen. Das ist eine Mischung aus Schaukel und Bungee-Jumping. Allerdings ist es nicht so niedlich, wie es aussieht, jedenfalls nach den Schreien derer zu beurteilen, die es wagen. Laute AHHHHHHHHHHHHHHHHHHs hallen durch das Tal.

Nicht weniger aufregend ist es für die, die sich entschließen, sich auf dem Turm oberhalb des Brückeneingangs in den Liegendgurt der Zip-Line einbinden zu lassen. Nicht mehr und nicht weniger als »einmal fliegen« steht hier auf dem Programm. Die Seilrollen werden eingeklinkt und der Gurt mit drei Karabinern an den Rollen befestigt. Dann wird die Blockierung gelöst und die Fast-Vögel sausen mit nahezu 100 Kilometern pro Stunde ins Tal hinab. Leuchtende Augen haben danach alle.

> **FAZIT: FÜR DIE, DENEN WANDERUNGEN DURCH URIGE WÄLDER UND GEMÜTLICHE RADTOUREN AN LIEBLICHEN FLUSSAUEN AUF DAUER ZU WENIG IST.**

Hin & Weg: Mit dem eigenen Auto in 1 Std. ab Halle, und in 1,5 Std. ab Leipzig.

Beste Zeit: In jeder Jahreszeit möglich, nur bei Sturm, Regen und starkem Schneefall bleiben die Stationen geschlossen. Mehr unter www.harzdrenalin.de

Dauer & Strecke: 1–3 Std.

Ausrüstung: Mut.

DAS PARADIES
IST NEBENAN

 ... längs der Mulde

Die Mulde schlängelt sich als viertgrößter Neben- und Zufluss der Elbe durch idyllische Landschaften. Welches Stück des Mulderadweges man sich aussucht, ist eher abhängig von Fitness, Kondition und persönlichem Ehrgeiz als von der Suche nach der schönsten Strecke. Wie wäre es mit 30 Kilometern flacher Bequemlichkeit?

#FähreimHandbetrieb #auchSachsenhateineLoreley #diebestenErdnussflipsderWelt

Auf der ehemaligen Strecke der Muldentalbahn führt der Radweg autofrei und leicht erhöht durch wunderschöne Landschaften

In Sermuth treffen die beiden Flüsse Zwickauer und Freiberger Mulde zusammen und werden hier zur Vereinigten Mulde. Kurz danach beginnt unsere Radtour, in Großbothen. Vom Bahnhof aus folgt man auf dieser Seite des Flusses dem Muldentalradweg über Schaddel in Richtung Höfgener Fähre.

Per Fährglocke oder einem lauten »Hol' über« samt Winken – »So haben das die Leute in den 40er und 50er Jahren auch gemacht« – lockt man den Fährmann auf seine Uferseite. Auf der kurzen Überfahrt erzählt der einem so einiges aus dem Leben eines Fährmanns. Charaktere waren die Fährleute in Höfgen schon immer, davon zeugt auch der wunderbare

Fotoband »Die Fähre« des Leipziger Fotografen Helfried Strauß. Über einen Zeitraum von zehn Jahren dokumentierte er in den 1970er-Jahren das Leben und Arbeiten der legendären Fährfamilie Müller.

Die schönen Dörfer Höfgen und Kaditzsch mit der historischen Wassermühle und dem dazugehörige Gasthaus in Höfgen (www.wassermuehle-hoefgen.de) beziehungsweise der Denkmalschmiede in Kaditzsch mit Konzerten und Ausstellungen (www.hoefgen.de) lohnen einen Besuch.

Danach geht es weiter auf dieser Seite der Mulde entlang über den Rabenfelsen nach

Grimma. Oder auf der anderen Seite des Flusses, vorbei an der Klosterruine Nimbschen. Aus diesem Kloster flohen, angeregt von den Ideen der Reformation 1523 neun Nonnen, darunter auch Katharina von Bora, die spätere Ehefrau Martin Luthers.

Die von der großen Flut 2002 stark in Mitleidenschaft gezogene Stadt Grimma hat sich auch dank der Fördergelder für den Wiederaufbau zu einer Perle am Fluss entwickelt. Wer sie anschauen oder hier eine Rast einlegen möchte, überquert die historische Hängebrücke am Ortseingang und gelangt über die Fußgängerbrücke am Ortsende wieder zurück auf den Radweg.

Dieser führt von nun an auf der ehemaligen Strecke der Muldentalbahn. Immer wieder er-

eilt einen das Gefühl, aus einem Zugfenster zu schauen. Leicht erhöht bewegt man sich auf langer gerader Strecke oder in ungewöhnlich ausholenden und gleichmäßigen Schwüngen. Bei Döben kann man einen kleinen Abstecher zur Ritterburg machen. Dort öffnet sich der Blick auf die Loreley. Na ja, eine barbusige Schönheit, die ihr goldenes Haar kämmt, ist weit und breit nicht zu entdecken, aber immerhin, die Mulde macht hier einen markanten Bogen, der Ausblick ist schön und eine Bank lädt zur Rast.

Die weite Wiesen- und Auenlandschaft der Umgebung mit ihren Streuobstwiesen, das wellige Hügelland, die ausgedehnten Wälder und der mäandernde Fluss lassen echtes Urlaubsfeeling aufkommen. Dass wir uns Wurzen nähern, sieht man schon lange vorher an

Nach dem verheerenden Hochwasser 2002, bei dem man auf Booten durch die Innenstadt Grimmas fahren konnte, wurden viele Häuser und die beiden markanten Brücken saniert.

dem markanten Gebäudekomplex der Wurzener Keksfabrik. Von hier kommen übrigens die besten Erdnussflips der Welt.

> **FAZIT: DER KLASSIKER UNTER DEN MÖGLICHEN ETAPPEN ENTLANG DER DREI MULDE-FLÜSSE. EINSAMER UND ANSTRENGENDER SIND DIE ABSCHNITTE ENTLANG DER BEIDEN ZUFLÜSSE ZUR HAUPTMULDE.**

Hin & Weg: Ab Leipzig mit dem Zug nach Großbothen und mit der S-Bahn ab Wurzen zurück.

Beste Zeit: April–Oktober.

Dauer & Strecke: Ganzer Tag und 30 km mit dem Rad.

Ausrüstung: Fahrrad, Radkarte, Picknick.

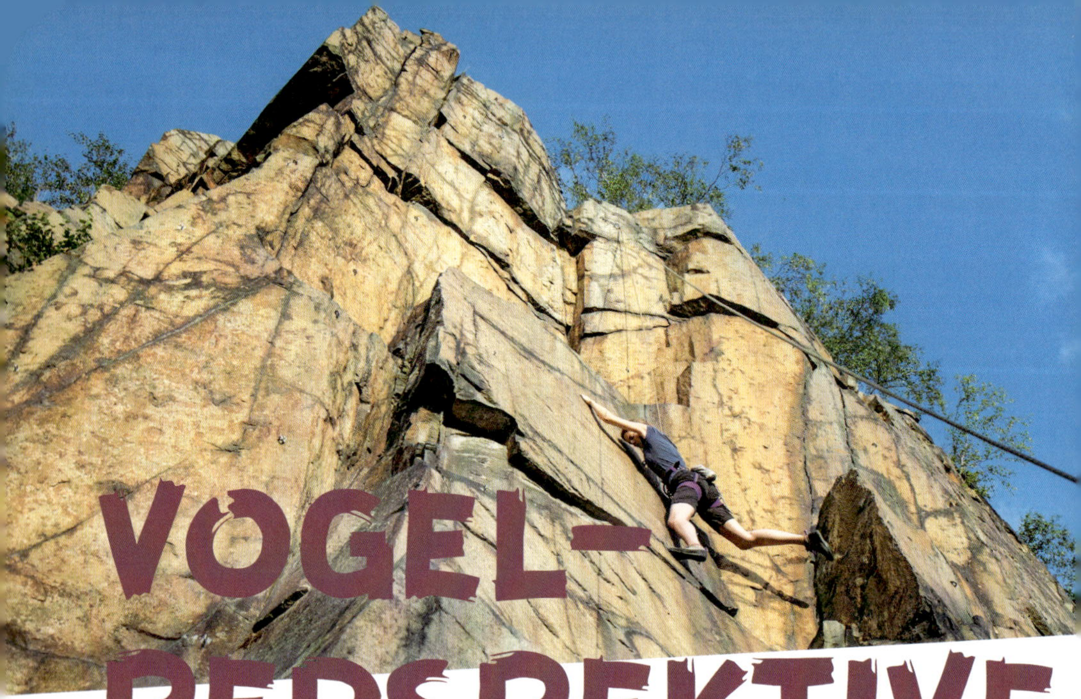

VOGEL-PERSPEKTIVE

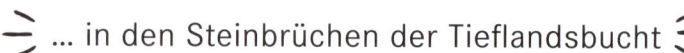

... in den Steinbrüchen der Tieflandsbucht

#33

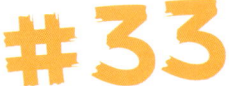

Eine schöne Wiese, ein Felsriegel mit verschiedensten Kletterschwierigkeiten, eine Kirschallee und um die Ecke ein dörfliches Freibad mit Sprungturm und Imbiss. Was braucht es mehr?

#Kletterparadies #Sprungturm #BadenTauchenKletternineinem

Dieser Weg am Spielberg ist tatsächlich nicht ganz ohne. Nichts zum
Tretenund als Griff nur ein Aufleger
in der Route »Stumpfer Bohrer«.
Schwierigkeitsgrad 7-

Das hier sind nicht die Alpen und auch nicht die Pyrenäen. Trotzdem ist die Tieflandsbucht um Leipzig und Halle ein Eldorado für Kletterer. Für irgendetwas müssen die Steinbrüche und Tagebaue doch gut gewesen sein. Den Kletterern haben sie interessante Strukturen in vorher nicht vorhandene Wände gestemmt. Die Entscheidung für einen der zahlreichen Steinbrüche ist nicht so leicht, jeder hat etwas Besonderes. Der Gaudlitzberg besticht vor allem durch seine südwestliche Ausrichtung und die geschützte Lage der Lichtung im Wald. Denn hier ist es oft windstill und die Sonne scheint lange und wärmend auf den dunklen Fels. Im Frühjahr und Herbst fällt einem diese Destination immer als erste ein, wenn die Kletterlust aufkommt. Schon an den Einstiegen steht man erhöht und hat einen schönen Blick auf die Umgebung und eventuell auf der Wiese spielende Kinder.

Der ganze Ort hat Lagerfeuerromantik, jedoch sind sowohl Zelten als auch Feuermachen leider nicht erlaubt. Dafür stört die Picknickdecke niemanden. Einmal im Jahr, Ende August, findet hier mit dem Bergfilmfestival ein Kinoabend der besonderen Art statt (www.bergfilmnacht.de). Außer an diesem Abend ist es hier nie überlaufen, denn in unmittelbarer Nähe gibt es zwei weitere sehr lohnende Steinbrüche – und damit hinreichend Ausweichmöglichkeiten. Die interessantesten und vielfältigsten Routen für Kletterer gibt es am Holzberg – in vielen Schwierigkeiten und

oft über 30 Meter hoch. Die liegende »Sonnenplatte« ist die größte Reibungskletterplatte Mitteldeutschlands. Hier haben Anfänger in Routen der Schwierigkeitsskala 4 tolle Erfolgserlebnisse, während die Fortgeschrittenen gleich daneben in Kletterrouten mit den schönen Namen »Gaudi« oder »Staumauer« mit der Schwierigkeitsstufe 7 ordentlich die Zähne zusammenbeißen und die Zehenspitzen ins Nichts stemmen. Auch im Sektor »Valentinstag« gibt es Routen, die erfahrene Kletterer glücklich machen. Die beste Fernsicht gibt es am »Platz des Friedens«. Zustiege sind hier etwas abenteuerlich, mit kleinen Kindern ist das definitiv nix. Und dann ist da noch der Spielberg. Perfektes Ausflugsziel an heißen Sommertagen, denn Baden, Tauchen, Bouldern und Klettern lassen sich hier an

einem Ort verbinden! Nach einem anstrengenden Weg springt man kurzerhand in den See oder versucht sich gleich an den Deep-Water-Soloing-Routen. Und weil Sprungtürme irgendwie gut zum Klettern passen, kann man auf dem Heimweg von den Steinbrüchen auch noch eine andere schöne Badestelle austesten: das Freizeitbad Böhlitz.

Hin & Weg: Am besten mit dem Auto über Eilenburg oder Wurzen bis nach Böhlitz, von da aus den genauen Wegbeschreibungen im Kletterführer folgen.

Beste Zeit: Frühjahr–Herbst.

Dauer & Strecke: ½–1 Tag.

Ausrüstung: Picknick, Kletterausrüstung inkl. Kletterführer mit Routenbeschreibungen, Schwierigkeitseinstufungen und Anfahrtsbeschreibungen.

Links: Für einige Routen braucht man nicht einmal ein Seil. Deep Water Soloing heißt die Spielart des Kletterns, bei der man aus dem Wasser in die Route einsteigt und am Ende wieder hineinspringt.

Fährt man von dort den Feldweg Richtung Gaudlitzberg entlang, kommt man an einer Kirschallee vorbei, die zur richtigen Jahreszeit sehr glücklich macht.

FAZIT: SCHÖNER WORKOUT MIT HOHEM ENTSPANNUNGSFAKTOR.

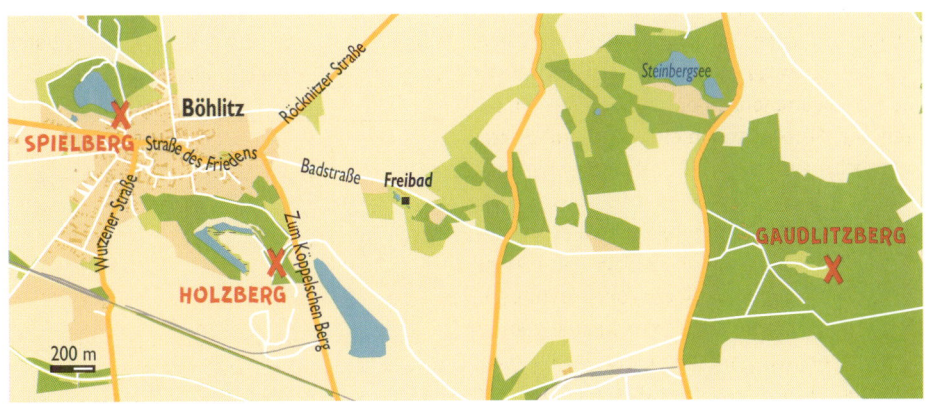

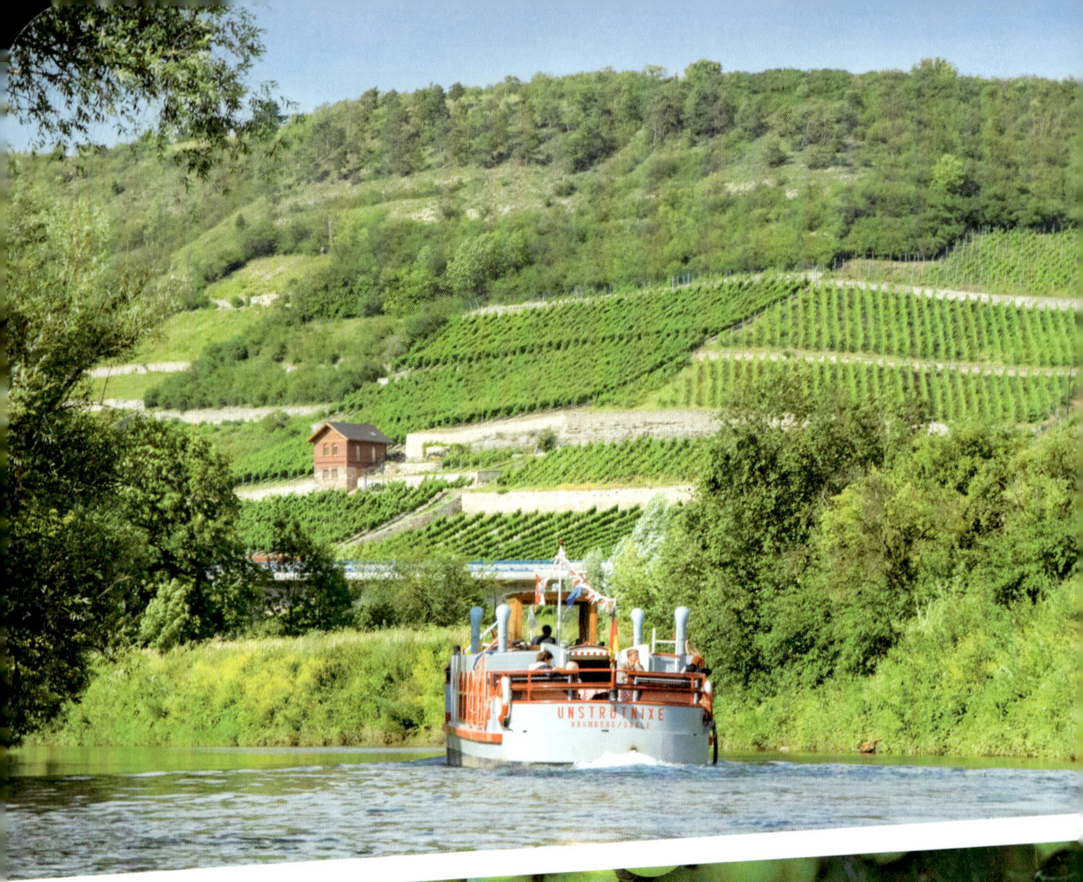
UNSTRUTNIXE

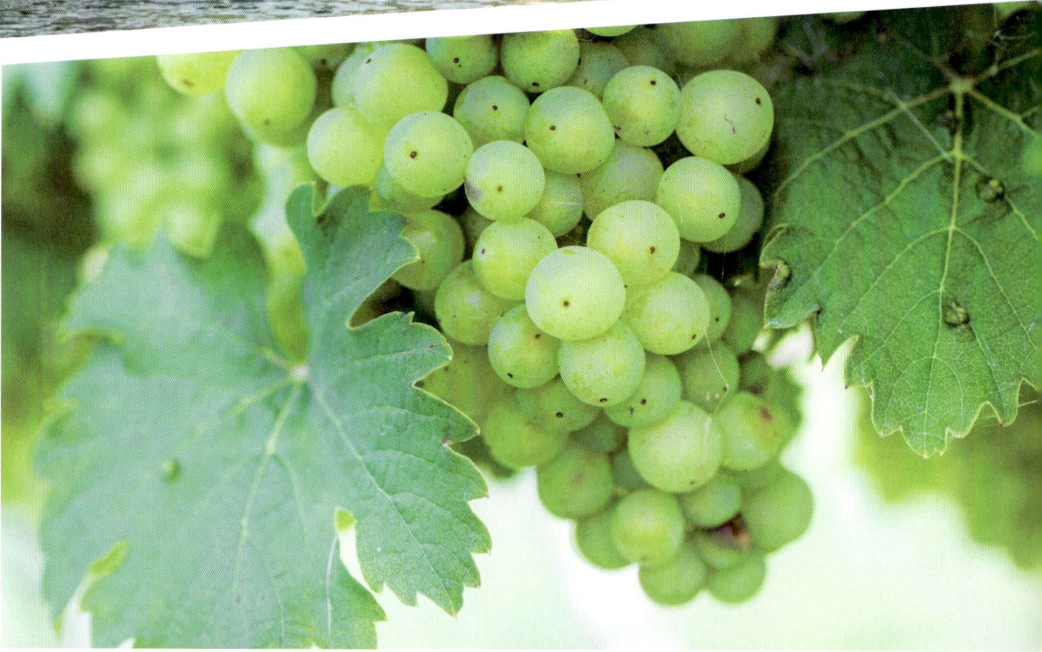

LÄUFT DOCH!

≥ ... Paddeln auf der Unstrut ≤

#34

Die Weinhänge des Saale-Unstrut-Tales mal aus einer ganz anderen Perspektive betrachten – vom Flüsschen Unstrut aus. Auf ihrem letzten Stück vor der Vereinigung mit der schnellen und wilden Saale schlängelt sie sich beschaulich durch schöne Landschaft. Eine Tour für Anfänger, eigentlich.

Bei normalem Wasserstand ist die Unstrut ein gemächlich vor sich hin plätscherndes Flüsschen. Bei Hochwasser wird sie reißend und gefährlich.

Direkt bei der Zeddenbacher Mühle gibt es die erste Schleuse. Hunger? Hier bietet sich einem alles, was das Herz begehrt: eine Bootsanlegestelle, eine schöne Wiese, ein Restaurant und eine interessante Mühle (www.muehle-zeddenbach.de).

Müller Volker Schäfer mahlt in dritter Generation Getreide an diesem Ort, an dem nachweislich, allerdings in verschiedenen Mühlen, schon seit 1200 Jahren gemahlen wird. Er ist ein echtes Original und weiß würzig zu erzählen, mit einer tollen Brise Selbstironie. Eine lohnende Führung, bei der Meister Schäfer in die Tücken und Kniffe seines leider aussterbenden Handwerks oder besser Kunstwerks einweiht. Wer seinen Beitrag zum Erhalt dieses Kleinodes leisten möchte, der kauft am besten so viel Mehl, wie er schleppen kann. Glücklicherweise hat man ja auch die wasserdichten Tonnen mitbekommen. »Achtung! Wir haben Hochwasser.« – der Müller ist stets bestens informiert. Noch ein Stück Torte aus der hauseigenen Backstube, dann geht es wieder in die Boote.

Der Ausflug beginnt und endet beim Bootsverleih Saale-Unstrut Tours, der sich auf die speziellen Anforderungen von Bootsreisen auf dem Fluss spezialisiert hat. Die Boote sind schon auf dem Anhänger des Autos, mit dem Ladung und Mannschaft nach Laucha gefahren werden. Nach einer Einweisung werden die Boote zu Wasser gelassen und das Abenteuer geht los. Normalerweise dauert die Tour von Laucha bis zum Blütengrund vier Stunden. Nach starkem Regen oder im Frühjahr nach der Schneeschmelze geht es meist etwas schneller.

Erst einmal heißt es vergnügt ab ins Boot. Es ist eine beliebte Strecke – also ist man wahrscheinlich nicht ganz allein. Die direkte Flusslandschaft ist urig, Weiden hängen ins Wasser, Vögel begleiten die Boote. In einiger Entfernung ziehen sich Weinstöcke am linken Ufer die Hänge hinauf.

Hin & Weg: Ab Leipzig Hauptbahnhof mit der Regionalbahn stündlich in 45 Min. bis Naumburg, zu Fuß ist es etwa ½ Std. bis zum Bootsverleih im Blütengrund (www.saale-unstrut-tours.de).

Beste Zeit: Frühjahr–Herbst.

Dauer & Strecke: Ganzer Tag und 14 km paddelnd auf dem Wasser.

Ausrüstung: Boot, Wasserwanderkarte, Wechselsachen wasserdicht verpackt, Sonnenhut, starker Bizeps.

In der Zeddenbacher Mühle wird noch heute in alter Tradition hochwertiges Mehl gemahlen. Wie komplex diese Angelegenheit ist, erzählt Müllermeister Volker Schäfer in seinen Führungen.

Das Wiedereinsteigen gelingt und auch die traumhafte Strecke von Zeddenbach bis Freyburg verläuft hoffentlich ohne Zwischenfälle im eigenen Boot. Manchmal besitzerlos vorbeischwimmende Tonnen oder gar Boote zeigen: Vorsicht ist durchaus geboten, denn bei Hochwasser kann sich selbst das seichteste Flüsschen in einen ernst zu nehmenden Strom verwandeln.

Nach einem weiteren Wehr bei Freyburg ist das Ziel, der Bootsverleih Saale-Unstrut-Tours im Blütengrund bei Naumburg, nach bereits drei Stunden erreicht. Juhu, so bleibt noch Zeit für die Besichtigung des berühmten Naumburger Doms.

> **FAZIT: LANDSCHAFTLICH SENSATIONELLE BOOTSFAHRT AUF DER UNSTRUT, GEKRÖNT VOM BESUCH EINES DER BEDEUTENDSTEN KULTURDENKMÄLER AUS DER ZEIT DES EUROPÄISCHEN HOCHMITTELALTERS.**

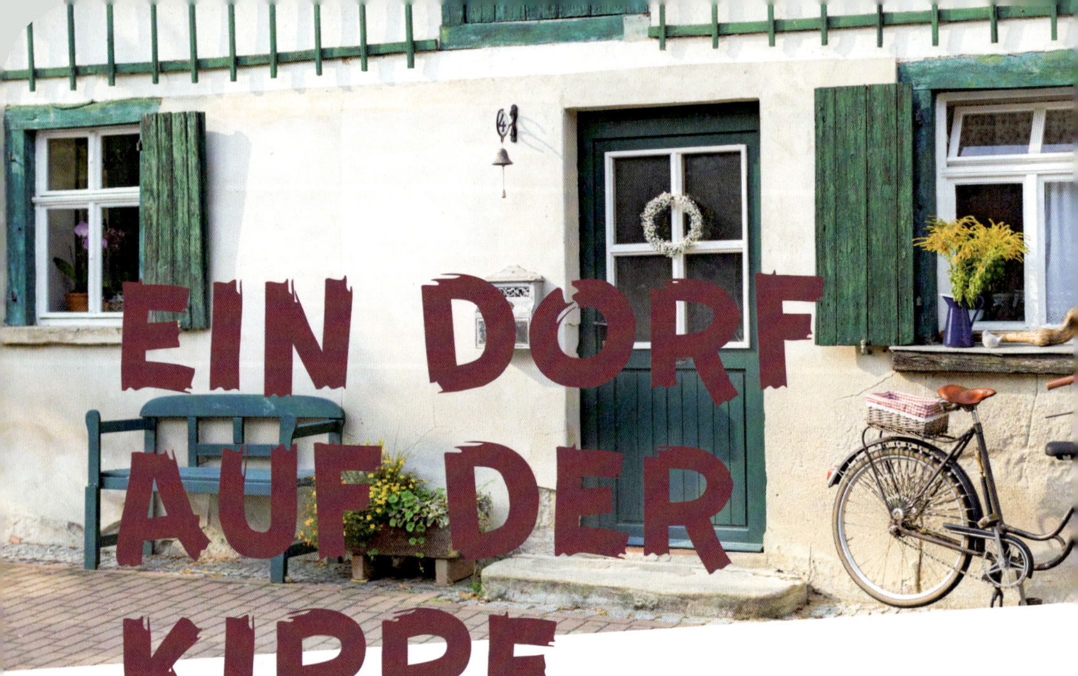

EIN DORF AUF DER KIPPE

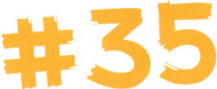

... Dreiskau-Muckern am Störmthaler Tagebausee

#35

Vor 26 Jahren stand Dreiskau-Muckern an der Tagebau-Abbruchkante. Leergewohnt und zum Abriss bereit, ein gespenstischer Ort. Heute ist es eines der schönsten Dörfer Sachsens, gelegen am Rand des Störmthaler Tagebausees. Eine Radtour zu einem interessanten Wäldchen, tollen Badestellen, einem Schloss, leckerem Kuchen und einem Museum der besonderen Art.

#Zeitreise #KaffeeundKuchen #OrgelanderBachschonsaß

→ AUSZÜGE...

Das Schicksal der verlorenen und umgesiedelten Dörfer hätte auch Dreiskau-Muckern ereilt, doch die politische Wende hielt ihre schützenden Hände über das Dorf.

Der Name der S-Bahn-Station Oberholz verrät den ersten Programmteil. Das Wäldchen ist bereits seit sehr langer Zeit ein beliebter Ausflugsort und für diese Radtour ein grüner Start in den Tag. Am Wildgehege vorbei führt der Weg nach Störmthal.

Zum Eröffnungsgottesdienst der dortigen Dorfkirche reiste 1723 kein Geringerer als Johann Sebastian Bach persönlich an und weihte die Orgel mit einer Kantate ein. Seit damals hat sich im Innenraum der Kirche nicht viel verändert. Auch die Orgel spielt noch und zieht interessierte Besucher an. Aber das Café im Pfarrhaus gleich nebenan ist neu. An Wochenenden immer geöffnet, gibt es hier leckeres Mittagessen und fantastischen Kuchen. Ab hier geht es nun immer am See

entlang in Richtung Süden. Tolle Badestellen wechseln sich ab mit schönen Ausblicken auf den See und die darauf schwimmende künstliche Insel Vineta.

Direkt nach der Wiedervereinigung war von all der Renaturierung der ehemaligen Tagebaue noch nichts zu spüren, es wurde noch nicht einmal darüber nachgedacht. Ein wichtiger Wirtschaftszweig der DDR verschwand, der Kohleabbau ruhte. Die hinterlassenen Kohlelandschaften schienen damals düster und anziehend und luden zu Ausflügen in die Gegend ein. Regelrechte Geisterdörfer gab es entlang der Abbruchkante des Tagebaus. Verfallene und verlassene Höfe reihten sich in ehemals schönen Straßenzügen gespenstisch aneinander, bereit für den Abriss. Eines dieser

Dörfer war einmal besonders schön gewesen – Dreiskau-Muckern. Lange hatten sich seine Bewohner gegen das Verlassen ihrer Häuser und Höfe gewehrt. Dann, 1993, fiel die Entscheidung für die endgültige Stilllegung des Tagebaus und damit für den Erhalt von Dreiskau-Muckern!

Ein Vierteljahrhundert später: Das Dorf lebt. Viele Höfe wurden in ökologischer Bauweise denkmalgeschützt saniert. Überall toben Kinder herum, und im historischen Gasthof gibt es ein einladendes Gartencafé. Wirtin Ulrike Schröer bäckt jedes Wochenende leckeren Kuchen und schwärmt vom Dorfleben (www.gasthof-muckern.de).

Auf der gegenüberliegenden Seite des Sees, ganz im Norden und immer so dicht es geht am Ufer entlang gelangt man nach weiteren sportlichen 13 Kilometern Radtour zu einem Freilichtmuseum der besonderen Art. Zwei Tagebaugroßgeräte, ein Schaufelradbagger und ein Bandabsetzer, weisen schon aus weiter Ferne den Weg. Sie waren bereits zur Verschrottung bestimmt, als sich die museale Weiternutzung im Brückenschlag zwischen Vergangenem, Gegenwart und Zukunft ergab. Authentisch und nachvollziehbar wird der komplette Förderzyklus in einem Braunkohlentagebau dargestellt. Am eindrucksvollsten natürlich bei einer Führung mit einem der ehemaligen Bergarbeiter.

Zurück geht es über das Barockschloss und die Orangerie in Güldengossa mit dem dazugehörigen kleinen sehenswerten Park zur S-Bahn-Station in Großpösna.

Die Dorfbadestelle von Dreiskau-Muckern am Störmthaler See hat alles, was es für einen gelungenen Strandtag braucht: Sand, einen Bootsverleih und einen kleinen Canyon zum Spielen für die Kinder.

FAZIT: DORF SEIN ODER NICHT SEIN, DAS WAR HIER DIE FRAGE. BEI DIESER AB-WECHSLUNGSREICHEN RADTOUR GIBT ES ABER VIEL MEHR ALS NUR DIESES WUN-DERSCHÖNE DORF ZU ENTDECKEN!

Hin & Weg: Ab Leipzig bzw. Halle bis zur S-Bahn-Station Oberholz in 20 Min. bzw. 1 Std. und zurück von der Station Großpösna.

Beste Zeit: Jederzeit möglich.

Dauer & Strecke: Ein ganzer Tag und 33 km mit dem Rad.

Ausrüstung: Fahrrad, Badesachen, Fotoapparat.

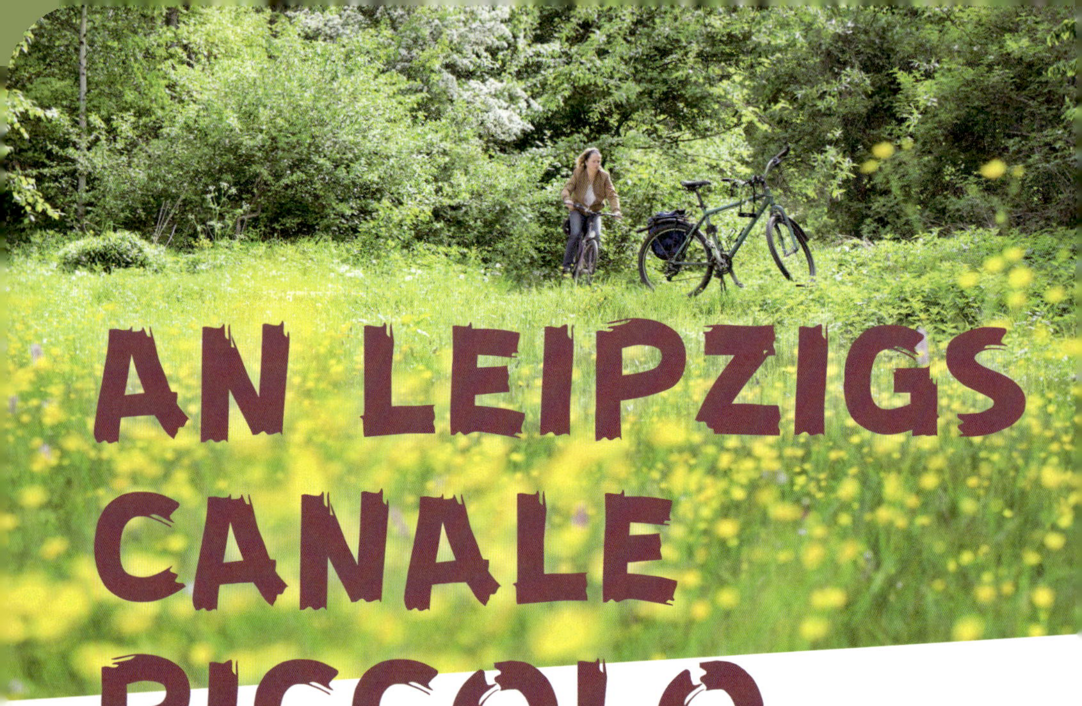

AN LEIPZIGS CANALE PICCOLO

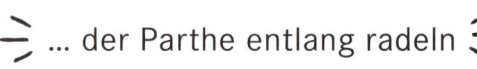

… der Parthe entlang radeln

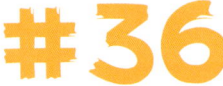

#36

Einem Fluss von der Mündung bis zu seiner Quelle folgen – und das an nur einem Tag! An der nur 56 Kilometer langen Parthe ist das möglich. Die Radtour schlängelt sich durch das Partheland, führt durch schöne Dörfer und eine Kulturlandschaft, die vom rasanten Wachstum der nahen Großstadt geprägt ist.

#Partheland #NaturbadNordost #Auenlandschaft #frischeEierdirektvomHof

Die Parthe

entspringt im Colditzer Forst und mündet nach 57 km hinter dem Leipziger Zoo in die Elster. In den 30-er Jahren wurde der stark mäandrierende Fluß begradigt und teilweise kanalisiert. Durch sinkenden Wasserspiegel gingen naturnahe Auwälder bis auf Reste bei Abtnaundorf, Plaußig und Seegeritz zurück. Die Landschaftsschutzgebiete Partheaue-Machern und Partheaue dienen dem Erhalt dieses Naturraumes.

Bei der Renaturierung von Flussauen entstehen ökologische Nischen für Pflanzen und Tiere, die sonst im Gebiet kaum noch vorkommen.

Im Leipziger Rosental, kurz hinter dem Wackelturm, mündet die Parthe in die Weiße Elster. Von hier aus geht's an der Parthe entlang vorbei am Gohliser Schlösschen und dem Leipziger Zoo. Hinter dem Hauptbahnhof fließt die Parthe durch den Mariannenpark.

Dort genehmigt man sich am besten in der Kaffeebar Espresso Zack Zack noch einen guten Kaffee und einen ordentlich schokoladigen Brownie (www.espressozackzack.de). Dieser Energieschub ist wichtig, denn für den Rest des Tages braucht es eigene Wegzehrung. Schöne Orte für ein Picknick im Freien gibt es allerdings genug. Hinter dem Mariannenpark fühlt man sich komplett befreit von den Greifarmen der Stadt. Grün,

so weit das Auge blicken kann. Feuchtgebiete mit üppigen Blumenwiesen, Gehölzen und Weiden. Bald schon erreichen wir Abtnaundorf mit seinem schönen Park.

Was 1907 die Illustrierte Wochenschrift Der Leipziger schrieb, hat noch immer Gültigkeit: »Der Ort hat sich vor einer Berührung oder gar Vermischung mit der nahen Großstadt ängstlich gehütet und sich seinen ländlichen Charakter noch bewahrt.« Wer Lust hat, kann hier einen fünf Kilometer langen Spaziergang mit einem Talk-Walk der Sommerschule Landschaftskunst »stadtPARTHEland« unternehmen und dabei die schöne Installation »Doppelt hell an dunklen Ufern« von Franziska Möbius entdecken.

Immer dem Flüsschen folgend, gelangt man wenig später zum Naturbad Nordost. Der im Volksmund einfach Bagger genannte See bietet eine türkisblaue Erfrischung. Schon in den 1960er-Jahren war die ehemalige Kiesgrube ein beliebtes Ausflugsziel, der man inzwischen ihre ursprüngliche Angelegtheit nicht mehr ansieht. Vorbei geht es an der Kirche Hohen Thekla mit ihrem schlichten Innenraum und dem schönen Friedhof. Der Weg durch das Plaußiger Wäldchen führt nach Taucha, zum Kirchberg Panitzsch und über den Schwanenteichpark bei Borsdorf in den Naunhofer Forst.

Auf dem Panitzscher Hof gibt es eine Kartoffelbox – endlich! Frische Eier, Kartoffeln und Kürbisse können hier entnommen und an der Kasse des Vertrauens bezahlt werden. Zweimal auf dieser Tour quert man die Autobahn

Am Rand der historischen Dörfer entstehen Neubausiedlungen, die Großstadt dehnt sich aus, sie braucht Raum und Infrastruktur.

Das Forschungsprojekt »stadtPARTHEland« versucht Kulturlandschaftsmanagement als Brücke zwischen Metropole und ländlichem Raum. Dabei geht es um Wertschöpfung ge-

Hin & Weg: Tourbeginn im Leipziger Rosental oder am Hauptbahnhof, zurück geht es vom Bahnhof Großbothen mit der S-Bahn.

Beste Zeit: Zu jeder Jahreszeit möglich.

Dauer & Strecke: Ein ganzer Tag und 56 km mit dem Rad.

Ausrüstung: Fahrrad, Picknick, Kamera, Talk-Walk-Datei für den Abtnaundorfer Park (kostenloser Download unter www.stadtpartheland.de).

Die ehemalige Kiesgrube »Bagger« zieht an sonnigen Tagen viele Leipziger in das erfrischende türkisblaue Wasser.

nauso wie um Wertschätzung, wovon beide Seiten profitieren. Wer diese Tour an einem Sonntag unternimmt, sollte unbedingt einen Abstecher in das Kranwerk Naunhof (siehe Eskapade #20) unternehmen. Ein Kulturort mit Garten und Café, eine Oase der Ruhe und Inspiration. Von hier sind es noch etwa 15 Kilometer bis zur Quelle der Parthe im Glastener Forst. Drei Quellbäche fließen an dieser Stelle zusammen und bilden ein Flüsschen, welches

weder hier noch in Leipzig das größere Wort Fluss verdienen würde. Von der Quelle bis zum Bahnhof in Großbothen radelt man anschließend noch knappe fünf Kilometer.

> **FAZIT: PER RAD ENTLANG AN EINEM KLEINEN FLUSS MIT GROSSER LANDSCHAFT UND DAS HIN UND HER DIESES LANDSTRICHS ZWISCHEN NATÜRLICHKEIT UND WACHSENDER URBANITÄT IN DEN GREIFARMEN EINER SICH AUSBREITENDEN STADT ENTDECKEN.**

WENN DER WIND SICH DREHT

 ... im Neuseenland

#37

Das Segel spannt sich, das Boot nimmt Fahrt auf. Nichts als Wasser fast bis zum Horizont. Das könnte die Mecklenburger Seenplatte sein. Ist es aber nicht. Eine Bergbaufolgelandschaft im Jahre 20 nach ihrer Planung am Reißbrett wird Realität. Stück für Stück und See für See. Wer hätte das gedacht.

Mit dem Segelboot von See zu See, da wo eben noch Millionen Tonnen von Kohle abgebaggert wurden! In den 1990er-Jahren war das ein mutiger Traum, denn richtig vorstellen konnte sich das niemand. Damals überwog die heimliche Empörung über die Anmaßung, dass hier nach Abschürfung der Kohle eine zweite Natur geschaffen werden sollte, die – maßgeschneidert auf menschliche Bedürfnisse – irgendwie perfekter sein sollte als das Original, die ursprüngliche Landschaft.

Nach wie vor im Entstehen ist ein Seengebiet, das in seiner Gesamtfläche deutlich größer als die Müritz ist. Einige der 23 Seen fügen sich bereits sehr harmonisch in die Landschaft, wie der Cospudener See, der als einer der ersten geflutet wurde. Andere, wie der Störmtha-

ler See erinnern in bestimmten Teilen noch an eine Mondlandschaft. An diesen beiden, aber auch an dem Zwenkauer, dem Markkleeberger, dem Schladitzer und dem Kulkwitzer See gibt es maritimes Hafenflair, gemütliche Cafés und Restaurants, Segel- und Surfschulen sowie Segelbootvermieter.

Wind ist nicht gleich Wind. Klar, von Windstärken hat man selbst in Leipzig schon gehört. Aber dass der Wind direkt vor einem auf dem Wasser zu sehen ist und dann doch nicht ins Segel kommt, das ist vielen, die sich hier in diesem Sport versuchen, neu und irgendwie unerklärlich.

Dabei ist es ganz einfach. Auf Gewässern erwärmt die Sonne die Luft viel langsamer als

Das Sole Mio am Cospudener See ist ein vorzügliches italienisches Restaurant. Der Blick von der Terrasse auf das weite Wasser, den Hafen und die ein- und auslaufenden Boote ist nicht zu toppen.

an Land. In der Nacht ist es umgekehrt, das Wasser speichert die Wärme besser als das Land. So entsteht ein Druckgefälle, welches wir als Hoch- und Tiefdruck kennen. Auf dem Meer gibt es daher am Tag in der Regel auflandigen Wind (Seewind) und in der Nacht ablandigen Wind (Landwind).

Auf einem relativ kleinen See hält sich der Wind aber nicht an feste Zeiten, sondern versucht den Ausgleich schubweise im Lauf des Tages. Jedenfalls gibt es an manchen Segeltagen nicht wirklich genug davon.

Perfektes Wetter also – zumindest für das erste Mal und um die Grundlagen in Ruhe zu lernen. Damit man weiß, was Fender und Klampen sind, und dass man, wenn der Kapitän »Halse« schreit, nicht verzweifelt ins Wasser springen muss, sondern seine Wendeposition einnimmt. Beim nächsten Mal, bei ordentlichem Wind, kann man dann richtig Knoten machen und das Segel in den Wind stellen, damit das Boot ordentlich Krängung bekommt.

Inzwischen stehen am Ufer des Störmthaler Sees große Tafeln mit Bildern und Informationen, die zeigen, wie es hier unmittelbar nach dem Abbau der Kohle vor über 20 Jahren ausgesehen hat. Denn rückblickend kann sich das auch wieder niemand vorstellen.

FAZIT: VOLLE KRAFT VORAUS, HEIßT ES BEI EINEM SEGELKURS HIER, IM NEUSEENLAND. ABER AUCH ALLES ANDERE IST HIER SCHÖN — RADELN, SPAZIEREN, BADEN, SCHLEMMEN.

Hin & Weg: Den richtigen Hafen und Verleih inkl. Anreise findet man unter: www.leipzigseen.de; einfach mal mitsegeln mit dem über 100 Jahre alten Motorsegelschiff MS Störmthal geht hier: www.ms-stoermthal.de. Anfahrt am besten mit dem Auto.

Beste Zeit: Sehr individuell. Manche mögen es stürmisch und regnerisch, andere sonnig und fast windstill. Im Winter liegen die meisten Boote sicher verpackt am Ufer.

Dauer: Am besten ein ganzer Tag.

Ausrüstung: Segelschein oder jemand an Bord, der einen hat, Picknick und Getränke, Sonnencreme und Badesachen.

NORDSEE- LUFT SCHNUPPERN

 ... mit der Straßenbahn nach Bad Dürrenberg

#38

Das ist mal ein entspannter Ausflug: durchs urbane Umland mit über 60 potenziellen Ausstiegsmöglichkeiten zuckeln. Merseburg ist eine davon, oder die Raffinerie in Leuna. Am schönsten ist es kurz vor der Endstation im Kurpark von Bad Dürrenberg mit dem sehenswerten Gradierwerk.

#Nordseeluftschnuppern #Straßenbahnausfahrt #Gradierwerk #SalzinderNase

Endhaltestelle der Linie 5 in Bad Dürrenberg

Straßenbahnfahren scheint nicht aus der Mode gekommen zu sein – nach den oft brechend vollen Wagen der Linie 5 an der Haltestelle Steintorplatz im Zentrum vom Halle zu urteilen. 90 Minuten dauert die Fahrt nach Bad Dürrenberg. Wann wird der erste Sitzplatz frei?

Halle endet nirgendwo, sondern geht fast fließend in Schkopau und später in Merseburg über. Den Blick auf die Saale und schöne Natur muss man dabei suchen, Urbanität ist angesagt. Dabei fragt man sich – was war zuerst da: die Straßenbahn oder die Bebauung rings-

um? Die Industriestandorte Leuna und Buna? Nein, die Überlandstraßenbahn gibt es schon länger. 1900 begann ihr Bau. Halle platzte aus allen Nähten und die Postkutschen konnten die Transportbedürfnisse der Bevölkerung nicht mehr bedienen.

Die Stadt Merseburg, 15 Kilometer von Halle entfernt, war Sitz der Bezirksregierung und vieler Behörden. Eisenhütten, Maschinen-, Leder- und Papierfabriken gab es an diesem Standort. Außerdem lagerten südlich der Stadt, im Geiseltal, gewaltige Vorkommen an Braunkohle, die seit 1905 industriell gefördert

wurden. Transportiert wurde fast alles: Tapeten und Fassbier, Kindernahrung und Zigaretten, Kondensmilch und Drogeriewaren, Körbe voller Obst und Gemüse, quiekende Schweine und schnatternde Gänse, vor allem aber Arbeiter. Als ab 1916 zahlreiche Industriestandorte dazukamen, begann der große Run auf die Linie 5.

Die Bahn wird allmählich immer leerer, hinter Merseburg gibt es meist reichlich Sitzplätze. Die Chance, den sehenswerten Dom an der Saale zu besichtigen – verpasst. Dafür ist jetzt doch endlich Land in Sicht.

Über Felder und Wiesen schaukelt die 5 nach Bad Dürrenberg. Wer jetzt noch drin sitzt, ist definitiv bereit für ein Schwätzchen. Vor der letzten Saalebrücke auf dieser Tour ist der Borlachturm schon zu erkennen. Hier befand sich der Schacht, in dem die Sole für die Salzgewinnung im Gradierwerk abgebaut wurde. Dass Bau und Erschließung, geleitet von Johann Gottfried Borlach, 25 Jahre in Anspruch nahmen, macht klar, welch Prestige und Reichtum Salz Mitte des 18. Jahrhunderts für die Menschen bedeutete und welches Investment man dafür zu geben bereit war.

Heute sorgt das Gradierwerk für eine gesunde Luft, vergleichbar mit einer kräftigen Meeresbrise von der Nordsee.

Nach Parkspaziergang, Museumsbesuch und einer Rast im Kurparkcafé geht es mit der Straßenbahn zurück nach Halle. Am Horizont glitzern die ersten Lichter der Raffinerie Leuna als beeindruckende Kulisse in der Dämmerung.

In den Wandelgängen des längsten zusammenhängenden Gradierwerks Europas tropft die Sole an Reisigzweigen herunter und es entsteht eine gesunde salzhaltige Luft.

FAZIT: INTERESSANTE AUS- UND EINBLICKE IN DIE INDUSTRIELL GEPRÄGTE SÜDLICHE UMGEBUNG VON HALLE AUS DEM STRAßENBAHNFENSTER. AM ZIELORT GIBT ES FRISCHE, GESUNDE LUFT WIE AM MEER.

Hin & Weg: Ab Halle Zentrum einfach einsteigen. Die Linie 5 kommt auch am Hauptbahnhof vorbei.

Beste Zeit: Zu jeder Jahreszeit möglich.

Dauer & Strecke: ½–1 Tag, je nachdem wo man aussteigt. 84 km hin und zurück mit der Straßenbahn.

Ausrüstung: Straßenbahnticket, Fotoapparat, Plan von der Umgebung Halles.

EIN KÖRBCHEN VOLL GLÜCK

>≥ ... Pilze sammeln in der Dübener Heide ≤<

#39

Die Messer sind gewetzt, die Körbchen und die Stiefel stehen bereit. Eine Vollmondnacht ist vorüber, Morgennebel liegt über dem regennassen Wald und es ist Herbst in der Dübener Heide. Es wird Zeit! Zeit, in die Pilze zu gehen.

Für einen gelungenen Blumenkranz braucht es vor allem bunte Blumen mit große Blütenständen.

Nichts ist schlimmer für einen Pilzsammler, als vor abgeschnittenen Steinpilzstummeln zu stehen und sich anhand des Durchmessers der Schnittstelle den Rest vorstellen zu müssen. Also heißt es früh aufstehen! Passionierte Pilzsammler geben ihren Pilzstellen oft liebevolle Namen: Pfiffiwiese, Krause-Glucken-Hügel, Rotkäppchen-Zauberwald. Geht es um die genaue Lokalisierung dieser Orte, wird es meist still, denn »seine Stellen« verrät man nicht gern.

Gut sammeln lässt es sich zum Beispiel in den umliegenden Wäldern beim Torfhaus, Mockrehna. Das muss als Info reichen! Denn zum Pilze-Sammeln braucht es keine genaue Wegbeschreibung. Es geht querfeldein, immer der Nase nach.

Ein gebeugter Gang und starrer Blick auf den Boden zeichnet den Anfänger aus. Er hat außerdem Angst vor Lamellen, Verwechslung

und Vergiftung und blättert mit zunehmender Verzweiflung durch die Pilz-App. Der Pilzprofi dagegen lässt den Blick schweifen, analysiert Geländeformationen, Baumbestand, Erdfeuchte und kommt schnell voran. Wer schon als Kind mit seiner Oma durch die Wälder gezogen ist, kennt sich aus: Fliegenpilze findet man häufig in der Nähe von Birken, meist steht auch ein Steinpilz ganz in der Nähe. Manchmal findet man ganze Steinpilzhorden, ringförmig angeordnet entsprechend der unterirdischen Anlage des Myzels. Von Bitterpilzen darf man sich nicht austricksen lassen, Pfifferlinge lieben Kiefern, und Hallimasch muss lange in der Pfanne braten, bevor er genießbar ist. Und das ist nur das ganz kleine Einmaleins.

Pilze bevölkern eine eigene, heimliche, zum größten Teil unterirdische Welt. Der eigentliche Pilzkörper durchwuchert den Waldboden als Geflecht mikroskopisch dünner Fasern. Im Untergrund arbeiten die Pilze das ganze Jahr über. Sie verdauen Millionen Tonnen abgestorbener Pflanzenteile. Das Netz ihrer Fäden kann sich über viele Quadratmeter erstrecken, in enger Symbiose mit Bäumen. Es wickelt sich um deren Wurzeln und sorgt dafür, dass die Pflanze mehr Wasser und Nährsalze aufnehmen kann, im Gegenzug erhält der Pilz Kohlenhydrate.

Es sind gewissermaßen die Früchte dieses Geflechts, die wir vorzugsweise im Herbst überirdisch zu sehen bekommen und so gern sammeln. Wenn alle Körbe übervoll sind und das Wetter passt, bietet sich noch ein Ausflug zum Dahlenberger Stausee an – die Füße ins Wasser hängen, Blumenkränze binden und eine Schmetterlingswiese entdecken.

Feucht muss der Boden sein und die Temperaturen nicht zu hoch. Wenn die Bedingungen perfekt sind, füllt sich das Körbchen schnell.

FAZIT: PILZE SUCHEN UND FINDEN MACHT GLÜCKLICH. AUCH WENN ES FÜR ALLE NICHT BETEILIGTEN SO AUSSIEHT, ALS WÜRDE MAN PLANLOS QUERFELDEIN DURCH DEN WALD LAUFEN.

Hin & Weg: Am besten mit dem eigenen Auto bis zum Torfhaus in Mockrehna fahren. Dort das Auto abstellen, in den nächstmöglichen Waldweg einbiegen und lossuchen.

Beste Zeit: Die Profis sagen, Pilze gibt es zu jeder Jahreszeit. Am leichtesten sind sie im August, September und Oktober zu finden.

Dauer: ½–1 Tag.

Ausrüstung: Pilzkorb, Messer, Pilzbuch oder jemand, der sich auskennt. Gummistiefel, Glück.

IM PAKT MIT DEM TEUFEL

 ... Wanderung an der Teufelsmauer bei Thale

#40

Wie von mächtiger Hand hingewürfelt, so sehen sie aus, die Steine der Teufelsmauer bei Thale. Geologen haben eine Erklärung für ihre Entstehung, die Sagenwelt auch. Welcher Version man Glauben schenkt, ist Ansichtssache. Fakt ist, dass die Mauer eine fabelhafte Kulisse für einen Wanderausflug auf ihr und um sie herum bietet.

Rechts: Der Großvater ist einer der markantesten und höchsten Erhebungen der Teufelsmauer.

Vor langer Zeit verabredete der Teufel mit seinem Widersacher Gott einen Pakt. Er, der Teufel, dürfe jenen Teil der Erde für sich behalten, den er in einer Nacht in einer Mauer einfassen könne. Also legte er sich mächtig ins Zeug und umgab ein gewaltiges Stück Land mit einer Mauer. Es war noch Zeit bis zum Morgen und so rieb sich der Teufel siegesgewiss die Hände, bevor er das letzte Stückchen der Mauer einsetzte. In diesem Moment ließ Gott eine Bäuerin stolpern, die gerade mit ihrem Hahn auf dem Weg zum Markt war. Das Krähen des Hahnes machte den Teufel glauben, dass der Tag angebrochen und der Pakt verloren sei. Wütend warf dieser die letzten Steine gegen die Mauer. Sie zerbarst – und ihre Überreste können wir heute bestaunen. Die Geologen behaupten, dass die Teufelsmauer gemeinsam mit dem Gebirgszug des Harzes entstand. Als dieser nach Norden aufgeschoben wurde, drückte er die nördlich angrenzenden Sandstein-Ablagerungen aus der Oberkreide auf einer Länge von circa 30 Kilometern fast senkrecht nach oben.

An diesem Naturschauspiel entlang der Mittelsteine und der Königsteine lässt es sich wunderbar wandern. Vom Parkplatz Teufelsmauer

Hin & Weg: Parkplatz Teufelsmauer zwischen Neinstedt und Weddersleben. Zurück ab Espenhain mit dem Bus.

Beste Zeit: In jeder Jahreszeit beeindruckend, am besten Mitte Juni, wenn die Kirschen reif sind.

Dauer & Strecke: 3 Std., ca. 9 km zu Fuß.

Ausrüstung: Wanderschuhe, Kamera, Eimer für die Kirschen.

Die neu gepflanzte Kirschallee am Großvaterweg verspricht üppige Ernte im Frühsommer.

zwischen Neinstedt und Weddersleben läuft man etwa einen Kilometer an der Bode entlang, dann gabelt sich der Weg und man folgt dem Südhangweg bergauf in Richtung Mühlenberg. Die Teufelsmauer immer im Blick, nähert man sich ihr in einem großen Bogen. An dieser Merkwürdigkeit der Natur kann man sich gar nicht sattsehen. Auf der insgesamt sieben Kilometer langen Wanderung ändert sich der Ausblick ständig und es fällt schwer, die Kamera auch mal in der Tasche zu lassen.

Nicht dem Teufel, sondern dem Streuobstwiesenprojekt der Stadtverwaltung ist es zu verdanken, dass es hier so viele Kirschen gibt. Wer die richtige Jahreszeit wählt, bekommt auf jeden Fall welche ab, auch wenn die Teufelsmauer von recht vielen Menschen besucht wird. Besonders schön ist es, an einem lauen Frühsommerabend mit den geernteten Kirschen unter dem Großvaterfelsen zu sitzen, den Blick zu den benachbarten Dörfern schweifen zu lassen und nachzulesen, auf welch kreative Weise sich frühere Besucher ritzend im Sandstein verewigt haben.

FAZIT: BLOß GUT, DASS ES DEN TEUFEL GIBT, WENN WIR IHM SOLCH SCHÖNE LANDSCHAFT VERDANKEN!

3. KAPITEL
MINIURLAUB

#49   #48

#52   #42

#47 ← WER HÄTTE DAS GEDACHT?

#45

#44

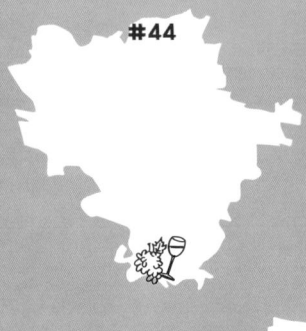

#46

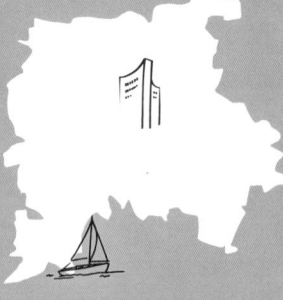

BESTE
AUSSICHTEN
↓
#50

#43

FESTHALTEN
BITTE!
↙
#41

#51

Ferien für ein Wochenende

Wasser, Steinbrüche, sommerliches Grün und winterliches Weiß – was braucht es mehr für ein abenteuerliches Wochenende? Gleich ums Eck gibt es wunderbar wilde Natur.

36 H

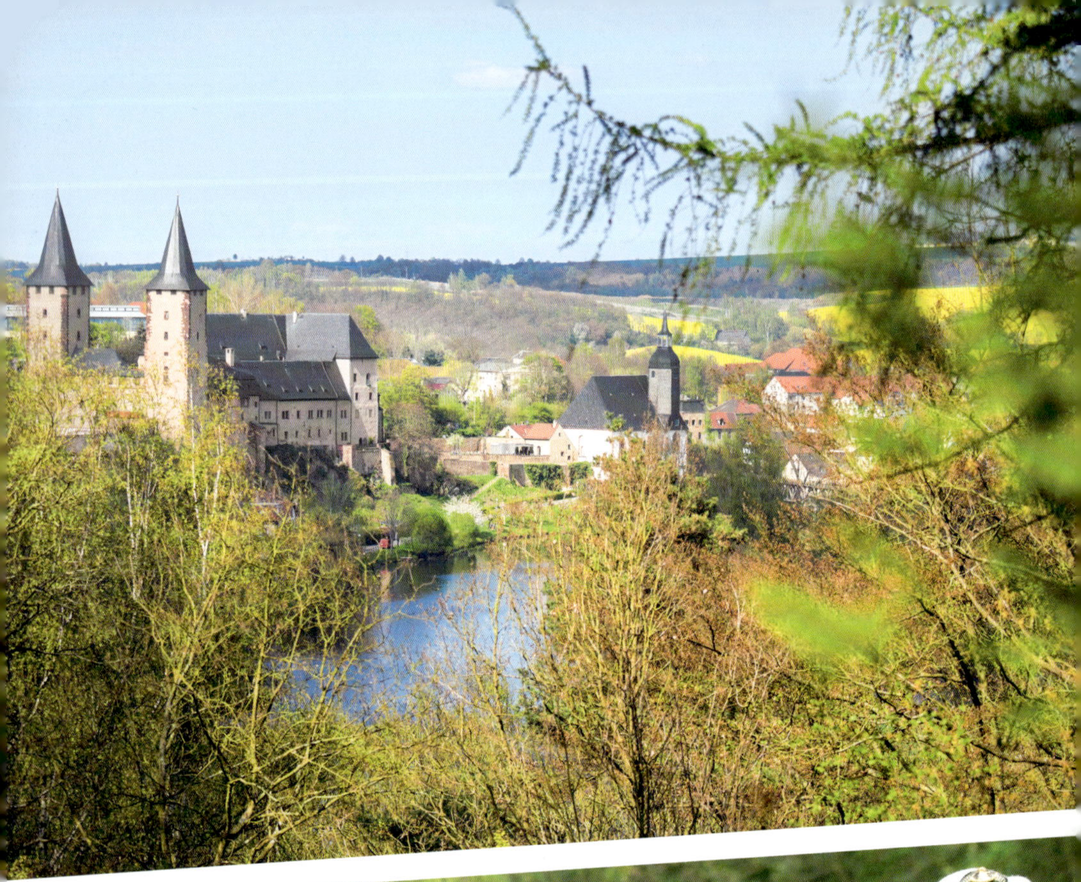

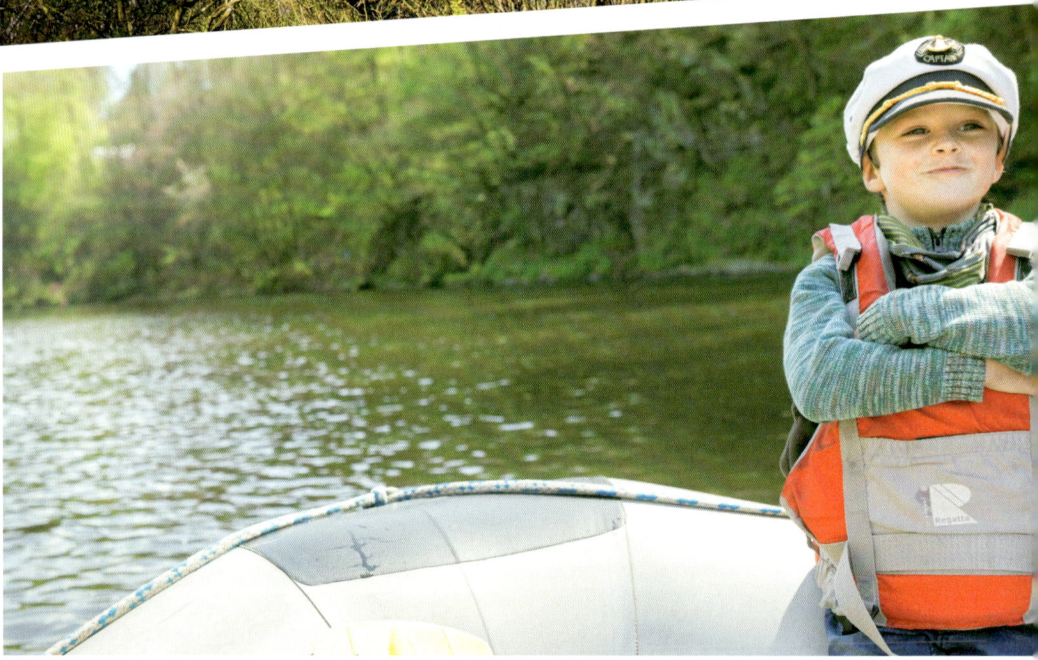

WILD-WASSER FÜR ANFÄNGER

 … auf der Mulde

 **#41**

Malerisch schlängelt sich die Mulde durch die hügelige Landschaft. Auf ihrem Wasser kann man sich mit dem Boot stromabwärts treiben lassen. Die höchste Erhebung, der Rochlitzer Berg, spendet seit Jahrhunderten einen besonderen Baustoff: Porphyr, dessen rötliche Farbe die Architektur der Gegend prägt und auf dessen Spuren sich herrlich wandern lässt.

Beeindruckende Abbruchkante im Porphyrsteinbruch auf dem Rochlitzer Berg. Rechts daneben: an der Mulde bei Sörnzig.

Noch hält die Buschmühle bei Rochlitz ihren Dornröschenschlaf. Ihre neuen Besitzer sind fest entschlossen, sie in den kommenden Jahren wach zu küssen. Ein wenig blinzelt sie schon. Die Straße endet vor dem Anwesen, ab hier geht es nur zu Fuß oder mit dem Rad weiter. Ganz in der Nähe, ein Stück die Mulde flussaufwärts in Wechselburg, kann man sich mit dem mobilen Schlauchbootverleih von Michael Unger treffen, um ein Boot auszuleihen (www.outdoorteam.de).

Wasserwandern macht hier nur in eine Richtung wirklich Spaß. Der Fluss nimmt die Paddler in seine Mitte. An seinen Ufern gibt es Eisvögel, Regenpfeifer und Rohrdommeln zu entdecken. Steile felsige Uferpassagen wechseln sich ab mit weiten blühenden Wiesen und schönen Dörfern. Meist gleitet das Boot

gemächlich vorwärts, ab und zu helfen die Paddel nicht nur beim Steuern, sondern auch beim Vorwärtskommen – Wildwasserwandern light. Und dann kommt der Moment doch, ein unheilvolles Rauschen, das Boot wird schneller, verfängt sich an einem Stein, wird herumgerissen und wirbelt durch die Stromschnelle. Glück, wer sich für das größere, stabilere Schlauchboot entschieden hat.

Sörnzig lädt zum Verweilen ein, aber der selbst gebackene Kuchen im Café Blümchen oben auf dem Rochlitzer Schlossberg ist es wert durchzuhalten und die Rast erst am Ende der acht Kilometer langen Tour, nach etwa zweieinhalb Stunden einzulegen (www.bluemchen-cafe-rochlitz.de). Zurück läuft es sich entspannt und kürzer entlang der Mulde, denn nicht jede Windung muss mitgenommen werden. Unterwegs treffen sich die Wanderwege Walderlebnispfad, Via Porphyria und Lutherweg und können je nach Kraft und Laune miteinander verknüpft, gleich begangen oder auf den nächsten Tag verlegt werden. Besonders zu empfehlen ist der Schlenker über Via Porphyria. Denn seit tausend Jahren schon wird auf dem Rochlitzer Berg Porphyr abgebaut. Ein rotes Vulkangestein mit interessanten Adern, die den Stein so lebendig erscheinen lassen. Fast wie Marmor, aber leichter zu verarbeiten. Am alten Geiselbergbruch, zu dem der Porphyrlehrpfad führt, sieht man in der 60 Meter hohen Abbauwand mit den eingearbeiteten Jahreszahlen, wie schnell der Abbau in der ersten Hälfte des letzten Jahrhunderts erfolgte. Verbaut findet man ihn in den alten Schlössern und Burgen der Region genauso wie in der Fassade des neuen Bildermuseums in Leipzig.

Achtung! Die Beschilderung der Wanderwege in der Region ist ziemlich unübersichtlich.

FAZIT: ZWEI ERFAHRUNGEN AN EINEM WOCHENENDE – AUCH FLACHES WASSER IST GUT FÜR EIN ABENTEUER; UND STEINE SIND NICHT EINFACH NUR STEINE: ES LOHNT SICH MIT IHNEN ZU BESCHÄFTIGEN.

Hin & Weg: Am besten mit dem Auto in 45 Min. ab Leipzig, in 75 Min. ab Halle.

Beste Zeit: Für die Schlauchboottour April–Oktober, wenn die Mulde genug, aber nicht zu viel Wasser führt. Die Wanderung auf dem Porphyrlehrpfad ist ganzjährig möglich.

Dauer & Strecke: Beide Touren dauern zwischen einem halben und einem ganzen Tag.

Ausrüstung: Käscher, Sonnencreme und Sonnenhut, Wechselsachen in einer Box, Kamera, Wanderkarte für den Rückweg.

Wenn es Nacht wird: Eine der Ferienwohnungen im Biohof Buschmühle (www.biohof-buschmuehle.de). Am besten telefonisch anfragen oder per Mail: 03737 7865632 oder 0162 5289063, bzw. info@biohof-buschmuehle.de.

ENDLICH OFFLINE

⊰ ... auf dem Selketal-Stieg ⊱

#42

Die Straße wird schmaler, das Navi kennt die Adresse nicht: Mägdesprung, Vierter Hammer 33. Das Handy sagt: Kein Netz. Dafür: Vogelzwitschern, sattes Grün und ein rauschender Fluss – die Selke. Natur pur ohne Strommasten und Verkehrslärm. Ankommen, bleiben und ein bisschen wandern heißt es hier.

Dem Fluss Selke verdankt die Region eine lange Zeit wirtschaftlichen Wohlstands. Heute ist er ein geschützter Lebensraum für Flora und Fauna.

Der Selketaler Waldgasthof ist fast das allerletzte Haus an der Straße. Ein idyllischer Rastplatz. Vegetarische und vegane Küche und selbst gebackener Kuchen werden hier von Liane und Ralf Klock im Hof oder im schönen Wintergarten angeboten. Auch Zimmer können gemietet werden. Eine ideale Basis für das Wochenende und Ausgangspunkt für Wanderungen auf dem Selketal-Stieg in beide Richtungen – denn der Gasthof liegt direkt am Wanderweg. Also gleich noch die Stiefel schnüren und für eine kurze Nachmittagstour an der Selke entlang in Richtung Burg

Anhalt spazieren. Zu dem Ort, der dem Land seinen Namen gab. Der Weg schlängelt sich erst gemütlich am Fluss entlang und wird dann steiler und steiler. Kaum vorstellbar, dass der Erbauer der Burg, Otto der Reiche, um 1123 hier immer hinaufgekraxelt sein soll. Nur noch wenige Ruinen sind von der Burg erhalten, aber sie soll einst in etwa die Größe der Wartburg gehabt haben. Wer der Selke weiter in Richtung Ballenstedt folgt, erreicht nach weiteren zehn Kilometern die hochmittelalterliche Höhenburg Falkenstein, eines der beeindruckendsten Ausflugsziele der Region.

Ein nachtaktiver und daher selten zu beobachtender Feuersalamander kreuzt den Wanderweg.

Unter Fürst Friedrich von Anhalt-Harzgerode wurden in Mägdesprung im Jahr 1646 eine Eisenhütte und entlang der Selke vier Hammerwerke errichtet: Friedrichshammer I bis IV. Endlich erklärt sich hier die Adresse Vierter Hammer 33! Genau da, wo man hier heute gut übernachten kann, verarbeitete der IV. Friedrichshammer mithilfe der Kraft des Flusses und einem Wasserantriebsrad das in Mägdesprung gewonnene Roheisen zu Blech.

Das Frühstück im Waldgasthof ist umwerfend lecker. Die Brötchen sind selbst gebacken und für die Kinder gibt es sie als lustige Tierformen. Der Kaffee und die Säfte sind bio, letztere selbstverständlich aus dem Harz.

Hin & Weg: Am besten mit dem Auto. Über die A38 bis nach Sangerhausen, dann über Mansfeld nach Alexisbad und dort auf der 185 in Richtung Ballenstedt bei Mägdesprung wenige Meter hinter dem Abzweig L235 rechts in die kleine Kreisstraße abbiegen. Von da sind es noch ca. 2 km bis zum Selketaler Waldgasthof.

Beste Zeit: Ganzjährig möglich.

Dauer & Strecke: Ganzes Wochenende. 8 km zu Fuß hin und zurück zur Burg Anhalt. Bis Alexisbad sind es 7 km, zurück geht es mit der Selketalbahn bis Mägdesprung.

Ausrüstung: Wanderschuhe, Kamera, Selketal-Stieg-Wanderkarte.

Wenn es Nacht wird: Ein Zimmer im Selketaler Waldgasthof in Mägdesprung, www.harz-ferien-wohnungen.com

Ein bis zwei Mal am Tag fährt die Selketalbahn als historische Dampflok zwischen Stiege und Gernrode.

Hmmmm! So gestärkt macht man sich gerne auf in Richtung Alexisbad. Zunächst geht es an der Selke entlang. Dann steigt der Weg über dem Fluss auf und verbindet nun als Klippenweg die Mägdetrappe, den Felsen der Schalenburg und den Habichtsteinfelsen, bevor man Alexisbad erreicht. Immer wieder gibt es von hier herrliche Aussichten über das Tal der Selke. Ein Abstecher zum Selke-Wasserfall ist unbedingt lohnend. In dem ehemaligen Kurort schnauft nur noch selten die Dampflok der Selketalbahn durch das Tal. Von Stiege, dem Ausgangspunkt des Selketal-Stieges, bis zu seinem Endpunkt in Gernrode begleitet die seit 1868 existierende Bahn mal direkt mal indirekt den Wanderweg und ermöglicht so abwechslungsreiche Pausen und die Überwindung von Strecken, wenn die Füße müde sind, oder eine entspannte Rückkehr zum Ausgangspunkt.

FAZIT: EINMAL SO RICHTIG ABDAMPFEN! MIT DER SELKETALBAHN ODER ZU FUß GEHT ES IN DIE UNBERÜHRTE NATUR UND DIE EINSAMKEIT DES SÜDLICHEN HARZVORLANDES.

DER GE-SCHMIEDETE HIMMEL

 … bei Nebra

#43 Für Archäologen war es der Sensationsfund des Jahrhunderts, als Raubgräber vor knapp 20 Jahren bei Nebra die älteste Himmelsdarstellung der Menschheit entdeckten. An ihrem Fundort steht ein Museum. Es ist das Ziel dieser Radtour entlang der Saale und Unstrut, und ihr Ausgangspunkt ist das nicht minder sehenswerte Sonnenobservatorium in Goseck.

#Himmelsscheibe #denRaubgräbernaufderSpur #Archäologie #Straußwirtschaften

Die ehemalige Klosterkirche von Schloss Goseck sollte man sich anschauen. Wegen der erhaltenen Krypta aus dem 11. Jahrhundert und der ausgesprochen gelungenen Sanierung der Kirche.

Die ersten zehn Kilometer vom Bahnhof in Weißenfels schlängelt sich der Radweg schön an der Saale entlang. Dann geht es steil bergauf. Im hügeligen Land bei Goseck ragt ein Palisadenzaun in zwei konzentrischen Kreisen übermannshoch in den Himmel.

Der Ort hat etwas Magisches. Wenn die Sonne ihre ersten und letzten Strahlen durch die beiden südlichen Tore schickte, wussten die jungsteinzeitlichen Menschen, die hier vor etwa 7000 Jahren lebten, dass die Wintersonnenwende gekommen war. So konnten sie die überlebensnotwendigen Termine der Aussaat und der Ernte ablesen. Der Ort wurde gleichzeitig auch als Versammlungs-, Handels-, Kult- und Gerichtsplatz genutzt. Diese Kreisgrabenanlage gilt als ältestes Observatorium Europas, selbst das berühmte Stonehenge in England ist 3000 Jahre jünger.

Am nahegelegenen Schloss Goseck sollte man nicht einfach vorbeiradeln. Denn hier gibt es ein kleines Café, ein Informationszentrum zum

Unten: Die Stelle auf dem Mittelberg, an der die Raubgräber ihren Sensationsfund machten, markiert eine
glatte Metallscheibe.

melsscheibe von Nebra auf. Gleichzeitig ist
das große Panoramafenster des Museums auf
den Aussichtsturm am Fundort der Himmelsscheibe in drei Kilometern Entfernung ausge-
richtet. Innen gibt es dann Antworten auf alle
Fragen. Denn die Scheibe ist keineswegs nur
ein kindliches Himmelsabbild. Sie beweist,
dass die Menschen schon vor 3600 Jahren
fundierte Kenntnisse vom Lauf der Planeten
und Sterne besaßen.

Der Krimi um den sensationellen Fund begann
mit zwei Männern und einer Spitzhacke. Sie
entdeckten den »Eimerdeckel« und später
Gold in der darunterliegenden Kammer. Als
der geputzte »Deckel« einem Museum zum
Kauf angeboten wird, schlagen Archäologen
Alarm. In einer abenteuerlichen Aktion von
Museologen und der Polizei gelingt die Sicher-
stellung der Himmelsscheibe und die Räuber

Observatorium, aber vor allem die Klosterkirche mit der erhaltenen Krypta von 1046. Im
Schloss kann man auch übernachten und von
der Schlossterrasse aus den fantastischen Blick
über das Saaletal genießen. Wer Glück hat, erwischt einen Abend mit Konzert in der Kirche
(www.schlossgoseck.de).

An der Saale entlang über Eulau kommt man
bald zum Blütengrund, wo die Unstrut in die
Saale mündet. Dem kleineren, wilden und landschaftlich herrlich unter Weinhängen dahin-
schlängelnden Flüsschen folgt man an Schloss
Neuenburg vorbei, über Freyburg, Laucha und
Burgscheidungen nach Nebra/Wangen.

Solch ein futuristischer Museumsbau für eine
einfache, etwas kindlich anmutende Scheibe?
Eine goldene Sonnenbarke schaukelt scheinbar über dem Unstruttal am Fuß des Mittel-
berges und greift damit ein Motiv der Him-

Hin & Weg: Ab Leipzig und Halle Hauptbahnhof in
ca. 30 Min. mit der S-Bahn nach Weißenfels. Zurück
dauert's ab Nebra länger (Umsteigen in Naumburg).

Beste Zeit: Ganzjährig möglich. Zur Winter- und
Herbstsonnenwende gibt es sowohl in Goseck als
auch in Nebra interessante Veranstaltungen. Oder
man kommt im Herbst, wenn am Wegesrand die
Straußwirtschaften auf einen Schoppen Wein laden.
Infos gibt's unter www.himmelsscheibe-erleben.de;
www.schlossgoseck.org

Dauer & Strecke: Ganzer Tag bis ein Wochenende
und 42 km mit dem Rad.

Ausrüstung: Sternenkarte, Radwanderkarte.

Wenn es Nacht wird: Schloss Goseck
(www.schlossgoseck.de) oder in Freyburg zum
Beispiel kann man über airbnb Zimmer direkt im
Weinberg buchen (www.airbnb.de).

Im Museum in Nebra dreht sich alles um eine Scheibe - die Himmelsscheibe. Das Original allerdings liegt im Landesmuseum für Vorgeschichte in Halle.

werden gefasst. Später verraten sie auch den Fundort. Hier oben auf dem Mittelberg erinnert nun eine glatte Metallscheibe, in der sich die Wolken herrlich spiegeln, an diese Ereignisse. Vom architektonisch markanten Aussichtsturm hat man einen weiten Blick über das Land.

FAZIT: ES LOHNT SICH UNBEDINGT, AUCH MAL DEN STERNEN ZU FOLGEN! DIE STATIONEN DIESER TOUR SIND SOZUSAGEN HIMMLISCHE MEILENSTEINE DER MENSCHHEITSGESCHICHTE.

SCHÖN EBEN

≥ ... auf dem Saaleradweg ≤

#44

Nachdem sich die Saale aus den Bergen bei Jena herabgeschlängelt hat, wird sie ab Halle breiter und ruhiger, das Tal flacher und ebener. Auf den knapp 60 Kilometern bis Bernburg führt der Saaleradweg durch wunderschöne Landschaften des Naturparks Unteres Saaletal. Aber auch durch interessante Dörfer, vorbei an beeindruckenden Burgen und netten Cafés.

#Saaleradtour #badenimFluss #Kaffee&Kuchen #Schlösser&Burgen

Immer dicht an der Saale und ihren Windungen folgend führt die Radtour durch das Untere Saaletal.

→ MINIURLAUB...

Warum in Gottes Namen heißt die Landschaft hier Franzigmark und Brackwitzer Alpen? Der Verdacht kommt auf, dass Unscheinbares große Namen braucht. Aber schön ist es hier doch, am Fuß der sich maximal auf 100 Meter erhebenden Porphyrhänge am Stadtrand von Halle, wo diese Radtour an der S-Bahn Station Halle-Trotha beginnt.

Immer nah am Fluss entlang geht es auf einem gut ausgebauten Radweg durch wunderschöne Auenlandschaften in Richtung Wettin. Auf einem jäh vorspringenden, spitzen Felsenbrocken erhebt sich majestätisch über der Stadt die Stammburg der Wettiner. Sie beherbergt heute ein Gymnasium. Für den Radler unter ihr atmet sie Respekt einflößend Geschichte.

Kurz hinter Wettin verführt das Picknick am Wegesrand zur Rast (www.picknick-am-wegesrand.de). Mehr einer Laune als einem konkreten Plan folgend, verwandelten der Architekt Veit Jäger und seine Lebensgefährtin, die Künstlerin Undine Hannemann, die

Der Ruf der guten Torten von Frau Hannemann im Café Picknick am Wegesrand lockt viele Radler und Wanderer an Wochenenden und Feiertagen nach Mücheln bei Wettin.

den Giebelseiten zugewandten Häuser das geschlossene Ensemble eines slawischen Rundlings. Das Kopfsteinpflaster wird nirgendwo von asphaltierter Straße unterbrochen. Und ja, auch im schönen Garten des Klassizistischen Herrenhauses gibt es leckeren Kuchen – wer also nicht noch pappsatt von der letzten Rast ist … (Galerie und Café Dobis, www. galerie-dobis.de).

Es ist unzweifelhaft eines der schönsten Dörfer im Saalekreis. Vor allem weil es mitnichten als perfekt, rund oder glatt zu bezeichnen wäre, eher als brüchig, lebendig und an den richtigen Stellen erhalten.

alte Dorfkirche bei Mücheln in ihr Wohnhaus und gleichzeitig in eine Galerie für regionale Künstler und in ein Café.

Der Garten ist eine Oase, in der bei schönem Wetter viele rastsuchende Gäste Platz nehmen und die leckeren Torten kosten, die Frau Hannemann oft mit Früchten aus dem Garten selbst backt.

Veit Jäger empfiehlt, anschließend unbedingt das Dorf Dobis anzuschauen. Nach der Wende verlassen und komplett leer gewohnt, wurde es von jungen Hallensern wiederentdeckt und zu neuem Leben erweckt.

Auch dort soll es ein tolles Café geben. Bei der Einfahrt in Dobis fällt die gut erhaltene Dorfstruktur auf. Am Dorfplatz bilden die mit

Glücklich über diese Entdeckung kann man nun ganz in der Nähe des Ortes an einem Seitenarm der Saale ein wildes Zeltnachtlager aufschlagen. Mit einem erfrischenden Bad in der Saale und einem kleinen Lagerfeuer samt Stockbrot und allem, was dazugehört.

Am nächsten Tag führt der Radweg durch schöne Landschaft am Teufelsgrund hinter Rothenburg, später durch die alte Schifferstadt Alsleben. An einem Saalebogen liegt das aus der Ferne sehr beeindruckende Schloss Plötzkau.

Danach geht es durch dichten, schattigen Auwald die letzten Kilometer bis nach Bernburg, wo das Bernburger Schloss majestätisch über der Saale thront. Hier gibt es, als kleinen letzten Tipp am Wegesrand auch ein sehr schönes und gepflegtes Freibad.

Als Fürst August von Anhalt von 1611 bis 1665 hier residierte, machte er Schloss Plötzkau zum kleinsten jemals in Deutschland existierenden souveränen Staat.

FAZIT: ENTSPANNTE RADTOUR DURCH GESCHICHTSTRÄCHTIGE GEGENDEN UND SCHÖNE LANDSCHAFT.

Hin & Weg: Ab Halle einfach losradeln, ab Leipzig mit der S-Bahn nach Halle. Zurück ebenfalls mit der Bahn vom Bernburger Bahnhof.

Beste Zeit: Frühling–Herbst.

Dauer & Strecke: Ein Tag oder ein Wochenende. 60 km mit dem Rad.

Ausrüstung: Fahrräder, Zelt, Essen für zwei Tage, Wasser, Radkarte.

Wenn es Nacht wird: Biwakieren irgendwo an einem ruhigen Seitenarm der Saale, vielleicht nahe Dobis. Wer lieber in einem richtigen Bett schläft, bei airbnb gibt es auch schöne Zimmer in Wettin.

AM GROßEN RUHIGEN STROM

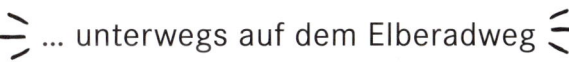

... unterwegs auf dem Elberadweg

#45

Auf dem Elberadweg von Torgau nach Riesa oder noch weiter bis nach Meißen zu fahren, klingt erst einmal nicht so spannend – ist es aber! Vor allem, wenn man die Nacht im Freien verbringt.

Knüppelteig, Stockbrot, Lagerfeuer: Nach einem gelungenen Radtag gibt es abends am Lagerplatz direkt am großen Strom nichts Schöneres.

Torgau. Bekannt aus dem Geschichtsbuch. Der große Reformator Luther wirkte hier, und an der Elbe trafen im April 1945 die russischen und amerikanischen Truppen aufeinander. Das Schloss Hartenfels mit seinen interessanten Sonderausstellungen ist eine der Attraktionen, die viele Touristen in die Region ziehen. Aber unten am Fluss, auf dem Elberadweg, der uns gut beschildert von hier aus bis Riesa den Weg weist, wird es einsam.

Selbst Schiffe sind nur ganz selten zu sehen. Ein recht unberührtes Stück Elbe – gesucht und gefunden. Herrliche Wiesen wechseln sich ab mit kleinen Dörfern. Man kommt vorbei an dem architektonisch interessant restaurierten und auch inhaltlich sehr sehenswerten Stadtmuseum in der ehemaligen Propstei des Zisterzienserklosters in Mühl-

berg. Trifft kaum Menschen, dafür jede Menge Kühe und Schafe. Und immer geht es ganz dicht am Fluss entlang und an seinen hier so typischen Sandbänken. Die Strecke ist schön flach, und nur ganz selten teilt man sich eine kleine Straße mit wenigen Autos.

Nach einem Tag in der Natur und auf dem Rad das Zelt einfach aufschlagen, wo man möchte? Ein Luxus, den man sich gönnen sollte, auch wenn die Rechtslage in Deutschland da nicht ganz eindeutig ist. So einfach wie in den skandinavischen Ländern, in denen das Jedermannsrecht gilt, ist es in Deutschland nicht. Manche Bundesländer erlauben das wilde Zelten, andere nicht. In jedem Fall gilt das Rechtsprinzip des Verbotsvorbehalts. Das heißt: Übernachten ist dort erlaubt, wo es nicht ausdrücklich verboten ist.

In Strehla kurz vor Riesa überquert der Radweg die Elbe. Die Fähre »Nixe« hilft den Radlern bei Wind und Wetter sicher ans andere Ufer.

Dusche, Frühstücksbuffet, Zimmerservice? Gibt s nicht beim Schlafen im Freien. Dafür aber frische Luft, das Lagerfeuer in der Dämmerung und die Geräusche der Nacht. Das Gefühl von Abenteuer und Freiheit. An alles gedacht, aber nicht an das Bier? Waren da nicht, drei Buchten zurück, Angler am Ufer – vielleicht haben die auch gleich noch ein bisschen Fisch, den man über dem Feuer brutzeln könnte?

Am Morgen danach gibt's ein Bad im Fluss, vielleicht begleitet von einem Elbkutter oder einem großen Ausflugsdampfer. Nach dem Frühstück heißt es aufsatteln und gemütlich weiterradeln, nach Riesa oder – sportlich – noch 26 Kilometer weiter bis Meißen.

FAZIT: SEHR NATURNAHE ELBERADTOUR MIT EINEM LUXUS DER BESONDEREN ART: WILD ZELTEN.

Hin & Weg: Die S4 fährt mehrmals täglich von Leipzig in 1,5 Std. nach Torgau. Die Rückfahrt ab Riesa mit der Regionalbahn dauert dann nur noch 45 Min.

Beste Zeit: April–Oktober, gutes Wetter ist für diese Tour besonders wichtig.

Dauer & Strecke: Ein ganzes Wochenende. 60 km mit dem Rad, bis nach Meißen sind es insgesamt 86 km.

Ausrüstung: Fahrräder, Zelt, Essen für 2–3 Tage, Getränke, Radkarte.

Wenn es Nacht wird: Zelte aufschlagen, wo es nicht verboten ist.

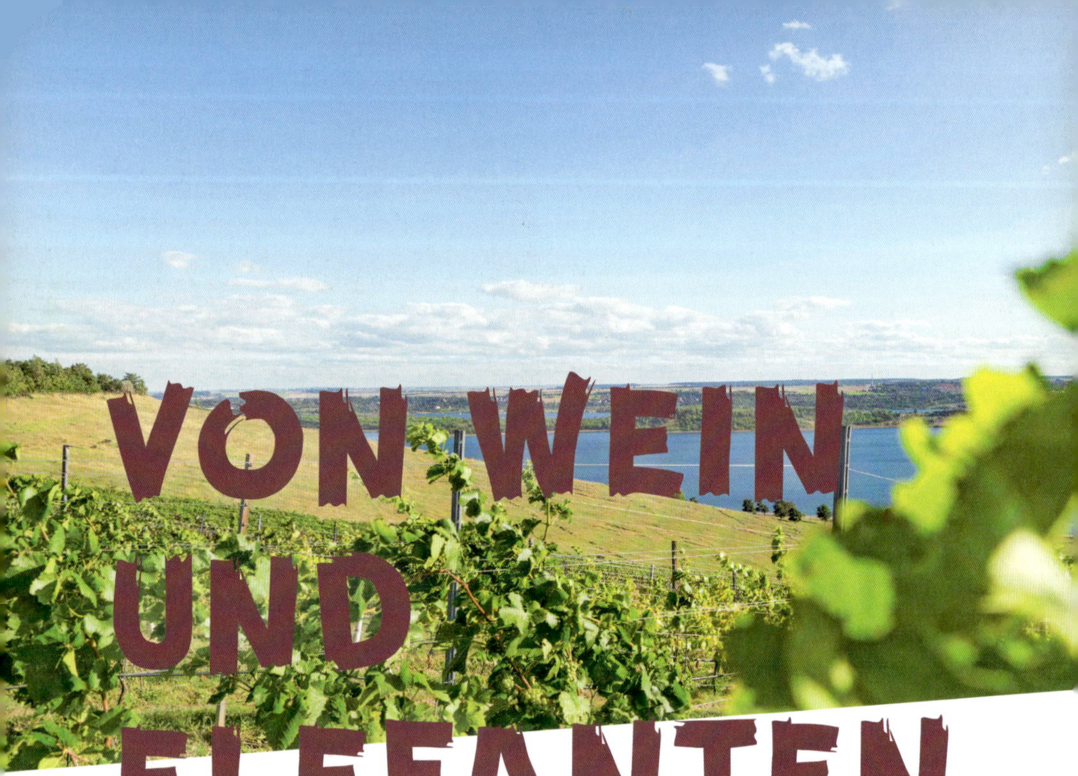

VON WEIN UND ELEFANTEN

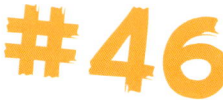

... Radtour von Merseburg nach Weißenfels

#46

Umrandet von historischen Kulturstädten und einem malerischen Weinberg liegt das Naturparadies Geiseltal. Nach 330 Jahren Bergbau entstand hier der größte künstlich geschaffene See Deutschlands.

#GeiseltalseestattTagebau #Weinbergsexperiment #Ausgrabungsmuseum

Annähernd so groß wie dieser Elefant waren die Altelefanten vor zehntausend Jahren. Eine echte Nachbildung gibt es ein paar Meter weiter im Museum Pfännerhall.

→ MINIURLAUB

Merseburg allein wäre schon eine Reise wert. Das grüne Städtchen an der Saale mit dem mittelalterlichen Dom- und Schlossensemble, den schönen Parks und alten Fachwerkhäusern ist der perfekte Startpunkt für diese Tour. Entlang des Vorderen und Hinteren Gotthardteiches geht es durch den Rosengarten aus der Stadt hinaus an der Geisel entlang. Ab Zscherben ist der Weg gut ausgeschildert mit den Logos des Radweges Salzstraße und der gelben Muschel des Jakobsweges. Kurz hinter

Schloss Frankleben eröffnet sich zum ersten Mal der Blick auf den riesigen See.

Die Schaufelradbagger haben Unmengen Braunkohle aus dem Land herausgebrochen, die Flöze waren unheimlich ergiebig. Es gab bis zu neun selbstständige Tagebaue, die nach und nach zu einem riesigen Restloch zusammenwuchsen. Der letzte Kohlezug fuhr 1993. In der Zentralwerkstatt Pfännerhall in Braunsbedra steht ein gigantischer roter Ele-

Absoluter Lieblingsort - die Straußwirtschaft Goldener Steiger hoch über dem Geiseltalsee inmitten von Weinreben.

führt zum Weinberg hinauf. Ein Experiment der ganz besonderen Art: Der Winzerfamilie war aufgefallen, dass die Südhanglage mit der Wärmespeicherung des Sees einzigartige Bedingungen für den Weinanbau bieten würde. In der Straußwirtschaft Goldener Steiger oberhalb des Weinberges kann man die ersten Jahrgänge der biologisch angebauten Weine verkosten (www.weinbau-am-geiseltalsee.de).

Daneben, in der Begegnungsstätte, erinnert ein Bodenmosaik an die Vergangenheit. Die Steine stammen aus der Kirche von Möckerling, das 1964 abgebaggert wurde. Die hellbraunen Steinchen am Boden umreißen den Geiseltalsee, die schwarzen stehen für die 16 Dörfer, die dem Tagebau weichen mussten.

fant vor der Tür. Er verweist auf die Ausstellung innen, die beachtliche archäologische Funde aus den Tagebaulöchern dokumentiert. Absolutes Highlight ist ein rekonstruiertes Exemplar eines Altelefanten, wie er bis vor rund zehntausend Jahren in der Region lebte. In der ehemaligen technischen Werkstatthalle gibt es heute ein schönes Café (www.pfaennerhall-geiseltal.de).

Weiter geht es entlang der urbanen Seite des Sees über die Marina Braunsbedra nach Mücheln. Am Aussichtsturm Stöbnitz ist die erste Westkurve des Sees erreicht. Ab jetzt wird es einsamer. Ein Großteil der Halbinsel, die in den See ragt, ist Naturschutzgebiet. Zahlreiche Vogelarten brüten wieder, es gibt Orchideen und andere selten Pflanzen. Nach der zweiten Westkurve wird es steil und der Weg

Viele Skater, Radfahrer und Wanderer nutzen den beliebten 28 Kilometer langen Geiseltal-Rundweg, der ab hier durch einsame Landschaft zurück nach Frankleben führt.

Hier hält man sich östlich, streift den Runstedter See und den Großkaynaer See und kommt zum Hasse-See, der schon als der schönste Badesee Europas bezeichnet wurde. Am Sandstrand tummeln sich vor allem Familien mit Kindern.

Alle, die es ruhiger mögen, liegen auf der Wiese am Steg. Das Wasser ist sehr sauber, und durch die geringe Tiefe erwärmt sich der See relativ schnell. Hier schöpft man Kraft für die letzte Etappe nach Weißenfels, von wo aus einen der Zug bequem zurück nach Halle oder Leipzig bringt.

Am Hasse-See findet jeder sein Plätzchen. Auf 500 Meter Sandstrand lümmeln, FKK baden, tauchen und 90 Meter Riesenrutschenspaß.

FAZIT: ENTSPANNTE RADTOUR DURCH EINE VÖLLIG NEU GESTALTETE LANDSCHAFT MIT VIEL WASSER UND ENTSPRECHENDEM ERHOLUNGSFAKTOR. AUßERDEM: BRAUN-KOHLE-WEIN KANN LECKER SEIN!

Hin & Weg: Mit der S-Bahn nach Merseburg und zurück ab Weißenfels.

Beste Zeit: Zu jeder Jahreszeit möglich, im Sommer besonders schön.

Dauer & Strecke: Ein Wochenende, 65 km mit dem Rad.

Ausrüstung: Fahrrad und Badesachen.

Wenn es Nacht wird: In Mücheln gibt es viele Zimmer zu mieten oder man fährt bis zum Hasse-See, auf dessen wunderschön gelegenem Zeltplatz es auch Bungalows zu mieten gibt: www.hasse-see.de

MARLBORO COUNTRY

≥ ... am Aktienbruch in Löbejün ≤

#47

Hier soll ein Klettergebiet sein? Flaches Land, soweit das Auge reicht. Ein paar Windräder am Horizont, nirgends ein Berg. Was ist da vorn? Da geht es runter ... In dieser Region gibt es viele Steinbrüche, bis heute wird der Löbejüner Porphyr hier abgebaut. Einige der stillgelegten Brüche dienen Tauchern und Kletterern als Eldorado für ihre Leidenschaften.

Bouldern – schon mal gemacht? Klar! Seilklettern in der Halle? Auch! Aber so richtig draußen am Naturfels? Neeeeiin? Dann gibt es in den ehemaligen Steinbrüchen bei Leipzig und Halle reichlich Gelegenheit. Der Aktienbruch ist nur einer von vielen, der größte und schönste.

Einem Vulkankrater gleich senkt sich der Steinbruch etwa 40 Meter tief in die Erde. Es ist die spektakulärste Felswand im Umkreis von 100 Kilometern. Von unten sieht das dann (ein bisschen wohlwollend die Augen zusammengekniffen) aus wie in der Werbung.

Ausbilder des IG Klettern Halle/Löbejün e.V. bieten Kurse und Ausflüge an (www.vertikalteam.de). Oder einfach Freunde mit Erfahrung und Ausrüstung fragen, neue Kletterer sind immer willkommen. Wer sich noch nicht so richtig traut, aber gern mal zuschauen möchte, der lege sich auf die schöne Wiese im Aktienbruch und schaue nach oben. Hier unten ist es windstill. An dieser Kulisse kann man sich kaum satt sehen. In der Dämmerung treffen sich die Kletterer am Lagerfeuer. Knister, knister, knack, die Weinflasche kreist und es gibt Geschichten und Abenteuer aus der Kletterwelt.

Ein Lager findet sich ganz in der Nähe im Schäferwagen bei Familie Silbereisen am Merbitzer Berg 1. Hier gibt es sogar einen Böllerofen für kühlere Nächte. Wer ein Zelt dabeihat, kann es auf der großen Streuobstwiese aufschlagen.

Für die, die lieber in die Tiefe hinabtauchen, hat Löbejün auch einiges zu bieten. Wenn die ehemaligen Steinbrüche mit Wasser vollllaufen, entstehen Tauchreviere der besonderen Art (Infos unter www.taucherkessel.com). Bei bis zu 20 Meter Sicht locken neben Waller,

Bienen und Honig gibt es auch bei Familie Silbereisen. Aber nicht mehr im alten Bienenwagen. Der ist hergerichtet als einfaches Familienzimmer mit Abenteuer- und Outdoorromantik pur.

Weißfisch und galizischen Flusskrebsen auch die Industrieartefakte aus der Tagebauhistorie. Taucher aus ganz Deutschland kommen in die Region. Denn die Taucherkessel I-III werden auch als »Bergbaumuseum« bezeichnet. Zahlreiche Kipploren gefüllt mit Steinen, Schienen und andere alte Bergbautechnik gibt es hier unter Wasser zu entdecken.

Hin & Weg: Bei Lobejün. Mit der Buslinie 301 ab Halle Hauptbahnhof in 45 Min. bis Löbejün Kochstor oder mit dem Harz-Elbe-Express bis Nauendorf und den Rest mit dem mitgenommenen Fahrrad. Am unkompliziertesten mit dem Auto.

Beste Zeit: April–Oktober.

Dauer & Strecke: Mindestens ein Tag, es kann auch ein ganzes Wochenende daraus werden.

Ausrüstung: Picknickdecke und -korb, Kletterausrüstung inkl. Sportsachen bzw. Taucherausrüstung.

Wenn es Nacht wird: Auf dem Zeltplatz am Aktienbruch, www.zeltwiese-loebejuen.de

FAZIT: EIN TAG ZUM FAULENZEN, HERUMLIEGEN UND BEOBACHTEN EINER INTERESSANTEN SPORTART. ODER SPORTLICH AKTIV KLETTERND AM PORPHYR-NATURFELS.

VERSCHLUN-GENE WEGE

 ... auf der Elbe und im Wörlitzer Park

#48

In Dessau und Wörlitz wurde Architektur-
und Gartenbaugeschichte geschrieben.
Und mitten hindurch schlängelt sich der
große Strom Elbe.

Verdammt breit ist dieser Fluss, stark und schnell auch. So aus der Ferne und von Brücken hat manch einer ihn vielleicht immer gern angeschaut. Aber mit so einem kleinen Boot darauf fahren? Einfach mal probieren!

Man kommt schnell voran, die anfängliche Aufregung legt sich, die Weite lässt sich genießen. Wilde Natur und Elbauenlandschaft gleiten vorüber, Flusswindung um Flusswindung für vier Stunden. Sandbänke laden immer wieder zur Rast ein. Am Ufer sind manchmal Rehe und Wildschweine zu entdecken. Den Anblick vorbeiziehender Boote sind sie gewohnt. Sie wissen, wer im Zweifel schneller ist. Man landet letztlich wieder in Coswig, am Ausgangspunkt – und fragt sich: War das wirklich erst heute Morgen, dass ich mit dem Zug hergekommen bin? Hier geht's zu Land weiter. Nur fünf Kilometer landeinwärts gen Süden liegt der berühmte Wörlitzer Park, auf den sich so viele Garten- und Landschaftsgestalter in ganz Europa immer wieder bezogen haben. Eigentlich gehören zum Wörlitzer Gartenreich sieben Schloss- und Parkanlagen auf einer Gesamtfläche von 145 Quadratkilometern. Der Wörlitzer Park ist »nur« das

---

Hin & Weg: Mit dem Zug nach Coswig und zurück ab Dessau. Für die Strecken dazwischen und die empfohlene Radtour sollte das eigene Fahrrad mit.

Beste Zeit: Frühling–Herbst.

Dauer & Strecke: Ein Wochenende.

Ausrüstung: Fahrrad, Lektüre, Karte. Bootsverleih beim Elbe-Feriendorf, www.feriendorf-elbe.de

Wenn es Nacht wird: Im Roten Wallwachhaus direkt im Wörlitzer Park, ganz am nordöstlichsten Rand romantisch und in einer ganz eigenen Welt gelegen. Es ist nicht ganz billig und man muss mindestens für zwei Nächte buchen (über www.gartenreich.com). Kostengünstigere Alternativen gibt es reichlich im Ort.

Der Wörlitzer Park ist eine unvergleichliche Kulturlandschaft im Geiste der Aufklärung, dessen Schlösser, Parkanlagen und Kunstwerke zu ausgedehnten Erkundungen zu Fuß, mit dem Rad oder Boot einladen.

Herzstück. Angelegt von Fürst Franz vor über 250 Jahren. Ganz im Sinne der Aufklärung wollte er, dass jeder seiner Untertanen den Park kostenlos betreten dürfe. Anhand der Beispielfelder konnten die Besucher lernen, wie in der modernen Welt Getreide und Feldfrüchte angebaut werden, wie man Deiche konstruiert, welche Pflanzen im Süden gedeihen oder welche Götter und Philosophien in der Welt existieren. Zu Hause die Welt entdecken, das war der Plan und ist es noch heute.

Kostenlos und jederzeit zu betreten ist der Park noch immer. Die Besucher genießen die verschlungenen Spaziergänge mit fabelhaften Sichtachsen, das Dinner auf den Booten, die Architektur der Gebäude, die seltenen Pflanzen und die mit dem Park alt gewordenen Bäume. Und alle paar Jahre einen Vulkanausbruch auf der Insel Stein. Diese Show gibt es nicht regelmäßig zu sehen, wie im echten Leben ja auch. Aber in unregelmäßigen Abständen rumpelt es gewaltig in Wörlitz, dann bricht der

Vulkan aus – mit Feuer und Lava, wie es sich gehört. Wer noch Muße hat, dem sei eine Radtour empfohlen – die Gartenreich-Route mit roten Balken im weißen Quadrat als Wegweiser. Über Vockerode mit dem alten Kraftwerk an der Elbe entlang bis zum Stieglitzer Berg mit seinen Toren und dem Dianentempel.

Weiter zum Park Luisium kurz vor Dessau, den Fürst Franz seiner Gemahlin Luise widmete. Über das schöne Café im Kornhaus wieder an der Elbe zu den Meisterhäusern der Bauhausschüler. Am Kühnauer See entlang zum Schloss und dann zurück nach Dessau und zum Bauhaus.

FAZIT: DESSAU, WITTENBERG, WÖRLITZ – EIN DREISTÄDTEECK, DAS KÜNSTLER UND DENKER VERSCHIEDENER JAHRHUNDERTE IN SEINEN BANN ZOG UND ENTSPRECHENDE SEHENSWÜRDIGKEITEN ZU BIETEN HAT.

VON AUF-KLÄRUNG BIS BIEDER-MEIER

 ... Radtour von Dessau nach Leipzig

 **#49**

Diese 90 Kilometer lange Radtour streift das Dessau-Wörlitzer Gartenreich, schlängelt sich entlang der Mulde durch herrliche Auenlandschaften im Naturschutzgebiet Untere Mulde und gelangt südlich der ehemaligen Industrieregion Bitterfeld-Wolfen in Bergbaufolgelandschaften mit klaren Badeseen und interessanten Industriedenkmälern.

Im ältesten Irrgarten Deutschlands in Altjeßnitz ist guter Orientierungssinn gefragt. Vor allem für die Kinder ist das Herumrennen in den alten Buchenhecken ein großartiger Spaß.

An der schönen Holzbrücke bei Dessau, der Jagdbrücke über die Mulde, beginnt diese Radtour, wenige Kilometer bevor der Fluss in die Elbe mündet. Wörlitz, Vockerode und Oranienbaum sind von hier aus nicht weit und lohnen unbedingt einen Abstecher, wenn man schnell unterwegs ist und viel sehen möchte.

Direkt an dieser Route liegt die wohl idyllischste Schloss- und Gartenanlage des Wörlitzer Gartenreiches, der klassizistische Landsitz der Fürstin Luise, das Luisium. Die Zeit scheint hier stillzustehen, und im ehemaligen Refugium der Fürstin erkennt man den Traumzustand des europäischen Geistes der Aufklärer, Dichter und Denker, die hier einst durch die Alleen spazierten. In Altjeßnitz wird es unübersichtlich: Hainbuchenhecken bilden den ältesten barocken Irrgarten Deutschlands.

Wer Glück hat, findet schnell den kürzesten Weg von 400 Metern bis zum Zentrum. In dem kunstvollen Wegenetz gibt es keine Sackgassen – dafür aber rund 250 verschiedene Möglichkeiten, das Ziel zu erreichen. Man sollte also lieber ein bisschen Zeit einplanen.

Über Bitterfeld-Wolfen und am westlichen Ufer des Goitzschesees vorbei geht es nach Delitzsch. Eine pastellfarbene Schlossanlage, einst beliebte Reiseresidenz der sächsischen Fürsten, lockt mit Museum, Barockgarten und Aussichtsturm. In der benachbarten Schlosswache wird mittags und abends feines Essen serviert.

Östlich der Stadt führt der Radweg weiter über Selben und Brodau an den Werbeliner See. Das geschützte Vogelrefugium mit seinen unver-

bauten, aufsteigenden Ufern ist urwüchsig und einsam. Ein wunderbarer Ort, um am Abend ein Lagerfeuer anzuzünden oder gar ein Zelt aufzuschlagen. Ein Weg führt zwischen dem Grabschützer und dem Werbeliner See in Richtung Zwochau, zu einem schon weithin sichtbaren 17 Meter hohen Schaufelrad. Es blieb übrig, als 1996 der Schaufelradbagger SRs 6300, eines der größten derartigen Geräte weltweit, gesprengt und verschrottet wurde.

Am benachbarten Schladitzer See geht es dann recht touristisch zu. Die nördliche »Badewanne« Leipzigs ist von mehreren schönen Stränden gesäumt. In Hayna verfolgt ein Strandverein ein Badekonzept der ganz besonderen Art: nicht Fun, Sport und Action stehen hier im Vordergrund, sondern die Badekultur zur Zeit des Biedermeier.

Von hier ist man schnell entweder über die S-Bahn-Stationen Rackwitz und Wahren zurück in Leipzig oder man radelt über Wahren entlang der Neuen Luppe zurück ins Zentrum.

Sonnenuntergangsromantik pur am Werbeliner See.

FAZIT: INTERESSANTE ZEITREISE DURCH VERSCHIEDENE EPOCHEN.

Hin & Weg: Ab Leipzig bzw. Halle mit der S-Bahn nach Dessau.

Beste Zeit: Jederzeit möglich.

Dauer & Strecke: 2–3 Tage, 90 km mit dem Rad.

Ausrüstung: Fahrradkarte, rote Schnur für den Irrgarten.

Wenn es Nacht wird: Wer schon immer mal in einem schwimmenden Haus übernachten wollte – auf dem Goitzschesee bei Bitterfeld ist das möglich: www.hausbootvermietung-seeblick.de

TOSKANA DES OSTENS

 ... Wanderung von Naumburg nach Bad Sulza

#50

Durch eine der schönsten Landschaften Mitteldeutschlands, vorbei an Weinhängen mit berühmten Weingütern, Schlössern und Burgen führt diese Wanderung 30 Kilometer von Naumburg nach Bad Sulza. Dort angekommen, gönnen wir uns, den müden Füßen und unserer Seele einen Besuch in der Toskana-Therme.

#Flusswanderung #Straußwirtschaft #FüßebaumelnlasseninderTherme

Ein Fünffleckwidderchen!
Eigentlich ein Nachtfalter, der
aber gern auch mal am Tag
unterwegs ist.

Schon vor 1000 Jahren haben die Mönche der umliegenden Klöster Goseck, Naumburg und Pforte bis in die Höhenlagen der Muschelkalkhänge Wein angebaut. Sie prägten die Kulturlandschaft an Saale und Unstrut mit Trockenmauern, Steilterrassen und romantischen Weinberghäuschen. Was die Mönche damals schon wussten, hat bis heute Gültigkeit: Das Mikroklima der Region und die Beschaffenheit der Böden liefern elegante Weine mit einem unverwechselbar fein-fruchtigen Charakter und frischer Säure.

Ganz ehrlich, die Weine aus der echten Toskana schmecken vielleicht besser, aber es ist toll, einen Wein aus der Heimat zu trinken! Dazu wird sich auf dieser Wanderung oft genug eine Gelegenheit bieten. Nun aber nüchtern los, vom Bahnhof in Naumburg oder noch besser in Kleinjena, wo der Zug quasi in den Weinbergen hält. Auf dem mit einem grünen Punkt markierten Wanderweg geht es mal oberhalb, mal unterhalb der Hänge über Rossbach in Richtung Schulpforte. Ein Abstecher in das ehemalige Zisterzienserkloster lohnt sich. Es beherbergt heute ein Internatsgymnasium für Begabte, dessen Bildungsgeschichte schon seit fast einem halben Jahrtausend geschrieben wird: Unter anderem Fichte, Klopstock und Nietzsche lernten hier. Am Eingangsportal des Klosters befindet sich die Vinothek des Landesweinguts Klosterpforte (www.klosterpforta.de). Nach dem Besuch des Klosters gibt es die beste Stärkung am Wegesrand im

211

Fischhaus direkt an der Saale (www.fischhaus-schulpforte.de). Ab da geht man unten, direkt bei den Straußwirtschaften oder oben mit einem tollen Blick auf die Weinberge.

Auf dem anderen Saaleufer geht es weiter, vorbei am Gradierwerk Bad Kösen. Die historischen Soleförderanlagen, bestehend aus Wasserrad, Kunstgestänge, Solschacht und Gradierwerk, sind als zusammenhängender Komplex und technisches Denkmal heute einmalig in Europa. Tief durchatmen! Die Luft ist hier sehr gesund. Hinter dem Campingplatz geht's durch den Wald weiter Richtung Rudelsburg. Kurz vor der Saaleschleife des Ortes Saaleck öffnet sich der schönste Blick der ganzen Gegend auf die viel gemalten und fotografierten Burgen. Mit etwas Glück und früh am Morgen ziehen die Nebelschwaden

der Saale durch diese Landschaft. Der Wanderpfad führt über die beiden Burgen hinab nach Stendorf, von wo aus die Markierung mit der roten Linie weiter bis nach Bad Sulza führt. Das Quellwasser der Thermalsole, welches die Toskana Therme in Bad Sulza (www.toskanaworld.net) speist, ist körperwarm und so salzig, dass man darin schwebt wie im Toten Meer. Den Liquid Sound – die Musik unter Wasser – bekommt man in Bad Sulza on top. Außerdem eine Saunalandschaft, die sich sehen lassen kann. Ein Gläschen Wein und ein mediterraner Imbiss werden in ordentlicher Qualität gleich neben dem Schwebebecken serviert. Nach so einer Wanderung können Füße und Seele hier angenehm baumeln. Wer mag, kann ins angeschlossene Hotel in Flipflops und Bademantel zum Schlafzimmer schlappen.

Links: Motivklassiker seit Jahrhunderten: die Burgen Saaleck und Rudelsburg hoch über der Saale.

FAZIT: DIE TOSKANA IST AUCH IM OSTEN LANDSCHAFTLICH BEZAUBERND, MIT INTERESSANTEN BURGEN UND LECKEREM WEIN.

Hin & Weg: Mit der S-Bahn bis Naumburg oder Kleinjena, von Bad Sulza wieder zurück.

Beste Zeit: Ganzjährig möglich, am besten natürlich im Herbst, wenn der Wein reif ist und die Blätter sich bunt färben.

Dauer & Strecke: Ein Wochenende bzw. 2–3 Tage und 30 km zu Fuß.

Ausrüstung: Wanderschuhe, Wanderkarte.

Wenn es Nacht wird: Villa Ilske in Bad Kösen, www.villa-ilske.de; Toskana-Therme in Bad Sulza (www. toskanaworld.net).

GARANTIERT BESTE AUSSICHTEN

 ... im Nationalpark Sächsische Schweiz

Kuriose Felsformationen, bemooste Sandsteinwände, tiefe Schluchten und fantastische Aussichten prägen die Landschaft entlang des Elbtals östlich von Dresden. Der Nationalpark Sächsische Schweiz ist vor allem für Wanderer ein Eldorado, aber auch Kletterer und Wasserwanderer kommen voll auf ihre Kosten.

#HilfemeinLebenhängtamrostigenRing #Sandstein #spektakuläreAussichten

Gipfelausblick vom Gohrisch
hinüber zum Lilienstein

Ein ausgeschildertes Wegenetz führt auf 1100 Kilometern durch eine fantastische Berglandschaft. Zu jeder Jahreszeit ist die Landschaft hier anders und immer in ein besonderes Licht getaucht. An einem Herbstmorgen zum Sonnenaufgang auf einem Felsen der Sächsischen Schweiz zu stehen und zuzusehen, wie der Nebel über der Elbe sich lichtet: grandios!

Sich für eine Wanderung zu entscheiden, oder gar eine zu empfehlen, ist eigentlich unmöglich. Schon ein Klassiker, aber nicht zu überlaufen ist der relativ kurze, aber spektakulär aussichtsreiche Weg von Rathen nach Wehlen (oder andersherum) auf der linken Elbseite über den Kammweg der Rauensteine. Es sind zwar nur sechs Kilometer, aber die haben es in sich! Treppauf, treppab über kleine Stege und tiefe Schluchten hinweg mit grandiosen Aussichten über das Elbtal auf die berühmte Bastei. Großer Vorteil ist die sehr leichte Erreichbarkeit mit der S-Bahn von Dresden aus.

Nur freistehende Felsnadeln dürfen in der Sächsischen Schweiz erklettert werden. Manchmal ist das tatsächlich eine wackelige Angelegenheit.

Weiter hinten im Elbtal auf der rechten Elbseite bei der Neumannmühle geht es tief und dunkel ins Kirnitzschtal. Es ist der Startpunkt für viele legendäre Wanderungen, wie zum Beispiel entlang der Affensteinpromenade. Zu empfehlen ist die Zehn-Kilometer-Wanderung über den Kleinen Winterberg, das Hintere Raubschloss und den Großen Zschand zurück ins Kirnitzschtal. Sie ist besonders abwechslungsreich und eine Herausforderung für Höhenängstliche. Die Buschmühle

ist eine gute Herberge nahe des Start- und Zielpunktes.

Auf der linkselbischen Seite ist der Gohrisch noch ein Tipp für Wanderer und Kletterer. Der etwas aus dem touristischen Zentrum gerückte Tafelberg ist sehr zerklüftet. Der Südaufstieg lohnt sich wegen der schönen Aussicht und der abenteuerlichen Treppen. Außerdem können am Einstieg zur Falkenschlucht die Kletterer in ihren athletischen

Hin & Weg: Am besten mit dem Auto. Es geht aber auch mit dem Zug. Bis Dresden Hauptbahnhof und dann weiter mit der S-Bahn in Richtung Bad Schandau.

Beste Zeit: Das ganze Jahr über.

Dauer & Strecke: Ein Wochenende, Wanderungen zwischen 5 und 15 km.

Ausrüstung: Wanderschuhe, gute Nerven, Fotoapparat, Picknick, Wanderkarte, Kletterausrüstung.

Wenn es Nacht wird: Im Kirnitzschtal kann man zum Beispiel in der Buschmühle übernachten, wo Ende der 1990er-Jahre »Der Vorleser« mit Kate Winslet gedreht wurde (www.die-buschmuehle.de). Auch die Ottendorfer Hütte (www.klettern-sachsen. de) und die Saupsdorfer DAV-Hütte sind gute Adressen (www.saupsdorfer-huette.de).

Die Erosion des meist sehr weichen Sandsteins erschafft dessen typische Felsstrukturen.

Bewegungen bestaunt werden. Für sie ist das Elbsandsteingebirge nicht einfach nur ein Ort zum Klettern wie viele andere. 1864 stiegen fünf Turner aus dem nahegelegenen Bad Schandau auf den bis dato als unerklimmbar geltenden Falkenstein empor. Die Aktion wird gerne als Geburtsstunde des weltweiten Kletterns gefeiert.

Bis heute sind die Regeln für das Bergsteigen in der Sächsischen Schweiz außergewöhnlich streng, vor allem das Nervenkostüm der Kletterer ist hier gefordert. Denn es gibt nur sehr wenige Ringe in besonders schweren Wegen.

Alle anderen Stellen müssen selbst abgesichert werden, sprich Schlinge durch eine Sanduhr fädeln oder in einem Riss befestigen und im Falle des Falls hoffen, dass sie hält. Das hat schon Profis aus aller Welt abwinken und umkehren lassen. Aber die einheimischen Kletterer sind stolz auf ihre Regeln.

FAZIT: ZIEMLICH AUßER ATEM VOM VIELEN AUF UND AB BEIM KLETTERN ODER WANDERN, FÄLLT MAN DOCH IMMER NUR HAPPY ABENDS INS BETT, DENN DIESE LANDSCHAFT IST ZU SCHÖN, UM WAHR ZU SEIN.

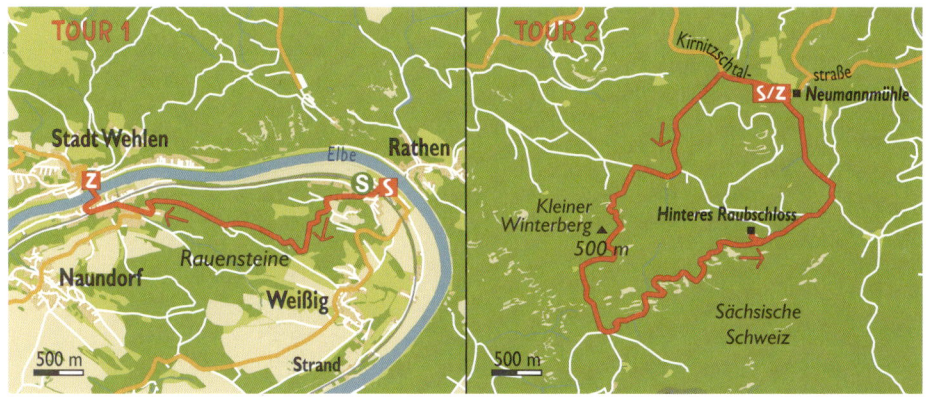

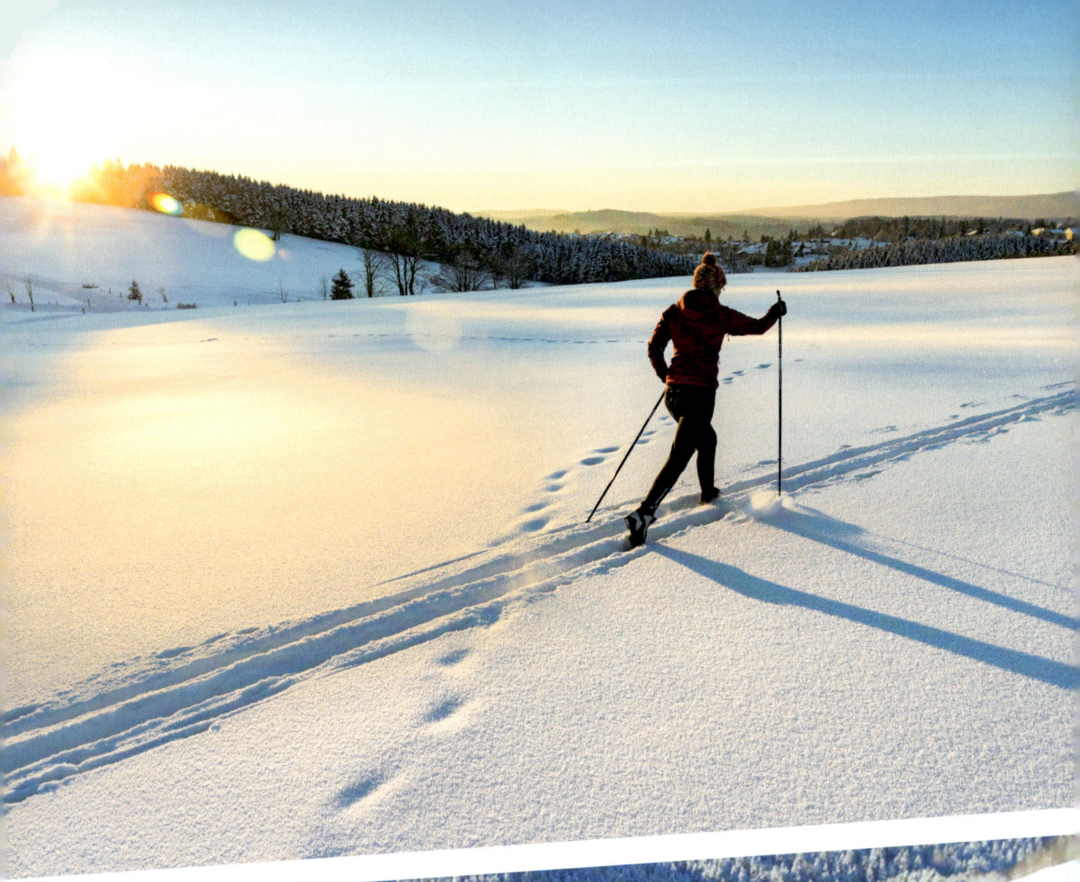

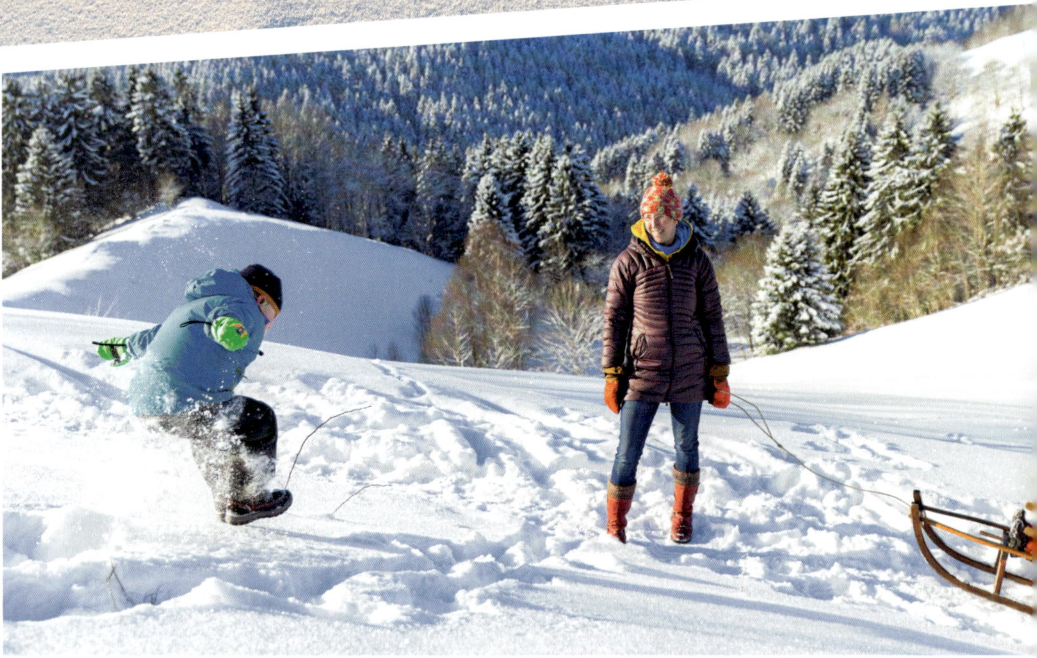

PULVER-SCHNEE VOM FEINSTEN

⇒ ... im Harz ⇐

#52

Ein plötzliches Verlangen danach, sich im Schnee zu wälzen, ihn in die Luft zu werfen, andere damit einzuseifen, den Schlitten rauszuholen oder die Skier anzuspannen, befällt Erwachsene und Kinder gleichermaßen. Im Harz bietet sich dazu winters ziemlich sicher eine Gelegenheit.

Der Spaziergang am Glockenberg zum alten Rodelhang ist zauberhaft wegen seiner Ausblicke auf den Harz.

jüngeren deutschen Geschichte verbunden ist und den fast 40 Jahre lang niemand besteigen durfte; die ehemalige innerdeutsche Grenze ist hier nicht weit entfernt.

Auch die ältere Geschichte ist spannend. So haben hier über vier Jahrhunderte, bis 1912, Bergleute vor allem Silber aus der Erde geholt. Der dafür im 16. Jahrhundert angelegte Rehberger Graben führt bis heute Oder-Wasser in die Bergstadt, welche so zu 90 Prozent mit Strom aus Wasserkraft versorgt werden kann. Der Graben gehört zum UNESCO-Weltkulturerbe »Oberharzer Wasserwirtschaft« und bildet mit einem System von Teichen, Bergwerksanlagen und Stollen das größte Energiesystem der vorindustriellen Zeit weltweit. Auf Führungen und Wanderungen über und unter Tage kann man mehr darüber erfahren.

Die lange Fahrt nach St. Andreasberg im Harz lohnt sich. Aufgrund seiner Höhenlage (circa 700 Meter) gilt der Ort als relativ schneesicher. Die Herrenstraße überrascht mit einer Steigung von 22 Prozent und gilt als steilste innerstädtische Straße des Harzes. Für Flachlandstädter aus einer schneearmen Region ist das Passieren dieser Straße mit dem Auto trotz guter Winterreifen eine psychische Herausforderung!

Unten im Dorf – in der schönen Unterkunft Das Alte Haus – angekommen, heißt es bloß keine Zeit verschwenden: Die Sonnenbergloipe ruft. Sie schraubt sich in mal mehr, mal weniger angenehmen Steigungen und Abfahrten um den Berg herum durch einen schwer schneebeladenen Tannenwald. Immer wieder gibt es herrliche Ausblicke in das Tal und zum Brocken hinüber. Dabei kommt man ins Grübeln über diesen Berg, der so sehr mit der

Für Langläufer bietet St. Andreasberg mit dem nahegelegenen Sonnenberg neun gut gespurte abwechslungsreiche Loipen mit einer Gesamtlänge von 40 Kilometern. Am Sonnenberg sowie im Skizentrum Matthias-Schmidt-Berg sind Abfahrtski- und Snowboardfahren möglich (www.skilifte-sonnenberg.de und www.alberti-lift.de).

Auch auf der Jordanshöhe-Loipe gibt es herrliche Ausblicke über den Ort. Auf weiten Teilen der dreieinhalb Kilometer langen Strecke ist sportliches Skating möglich. Jetzt schnell noch einmal mit dem Schlitten in der Dämmerung die Rodelwiese runter in Richtung Teichtal am Kurpark. Danach gibt es einen

Auch der Ort selbst hat Charme. Als höchstgelegene Bergstadt des Harzes zieht sich St. Andreasberg über zwei Bergrücken. Dazwischen liegen steile Gassen und Sträßchen.

leckeren heißen Tee an dem kleinen Kiosk. Und am Abend knistert der Kamin im Alten Haus. Der Ausblick aus dem Riesenfenster des Wohnzimmers auf den Garten, den alten Rodelberg und die verschneiten Wälder ist in einer Mondnacht ganz besonders toll.

FAZIT: GUTER KOMPROMISS FÜR SCHNEE-HUNGRIGE, DIE NICHT AN EINEM WOCHEN-ENDE 500 KILOMETER IN DIE ALPEN DONNERN WOLLEN.

Hin & Weg: Nur mit dem Auto gut zu erreichen. Man braucht es auch im Ort und um an die Ausgangspunkte der Loipen oder zu den Abfahrts- und Rodelhängen zu kommen. Von Halle in 1,5 Std., von Leipzig in 2 Std. zu erreichen.

Beste Zeit: Dezember–Februar. Am besten Wetterbericht prüfen!

Dauer & Strecke: Ein ganzes Wochenende, die Skitouren sind zwischen 3,5 und 14 km lang.

Ausrüstung: Schal, Mütze, Handschuhe, Schlitten, Skier, Thermoskanne.

Wenn es Nacht wird: Im liebevoll sanierten Alten Haus trifft deutscher Charme auf niederländische Geselligkeit. Perfekt für 2–9 Leute (www.altehaus.nl).

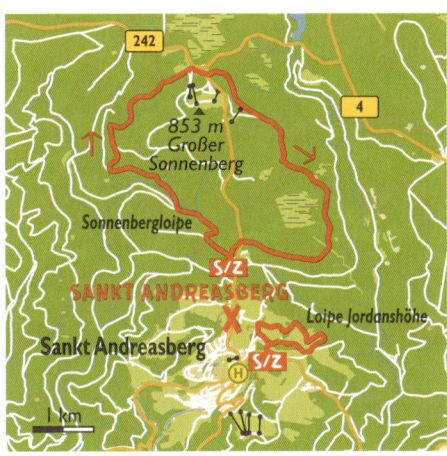

SONST NOCH WICHTIG

HALLE

WEINBERGE

CITY-HOCHHAUS

COSPUDENER SEE

LEIPZIG

Ein- und Überblick

Karten für den schnellen Überblick, praktische Tipps sowie mehr über die Autorin und ihre liebsten Empfehlungen gibt es auf den folgenden Seiten.

Tourenverlauf

GPX-Daten zum
kostenlosen Download
<u>www.dumontreise.de/</u>
<u>eskapaden/halle-leipzig</u>

short.travel/7ntvx

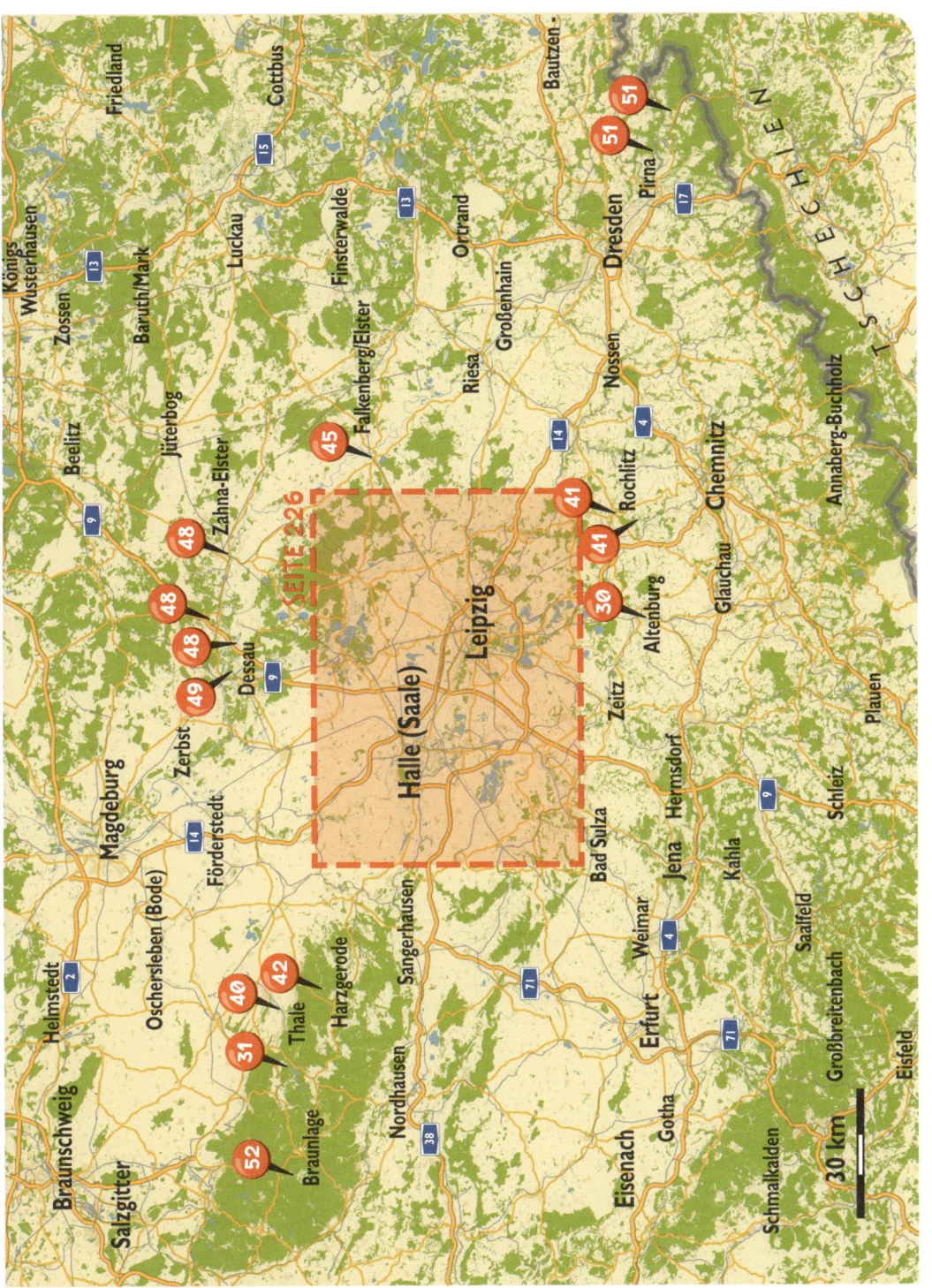

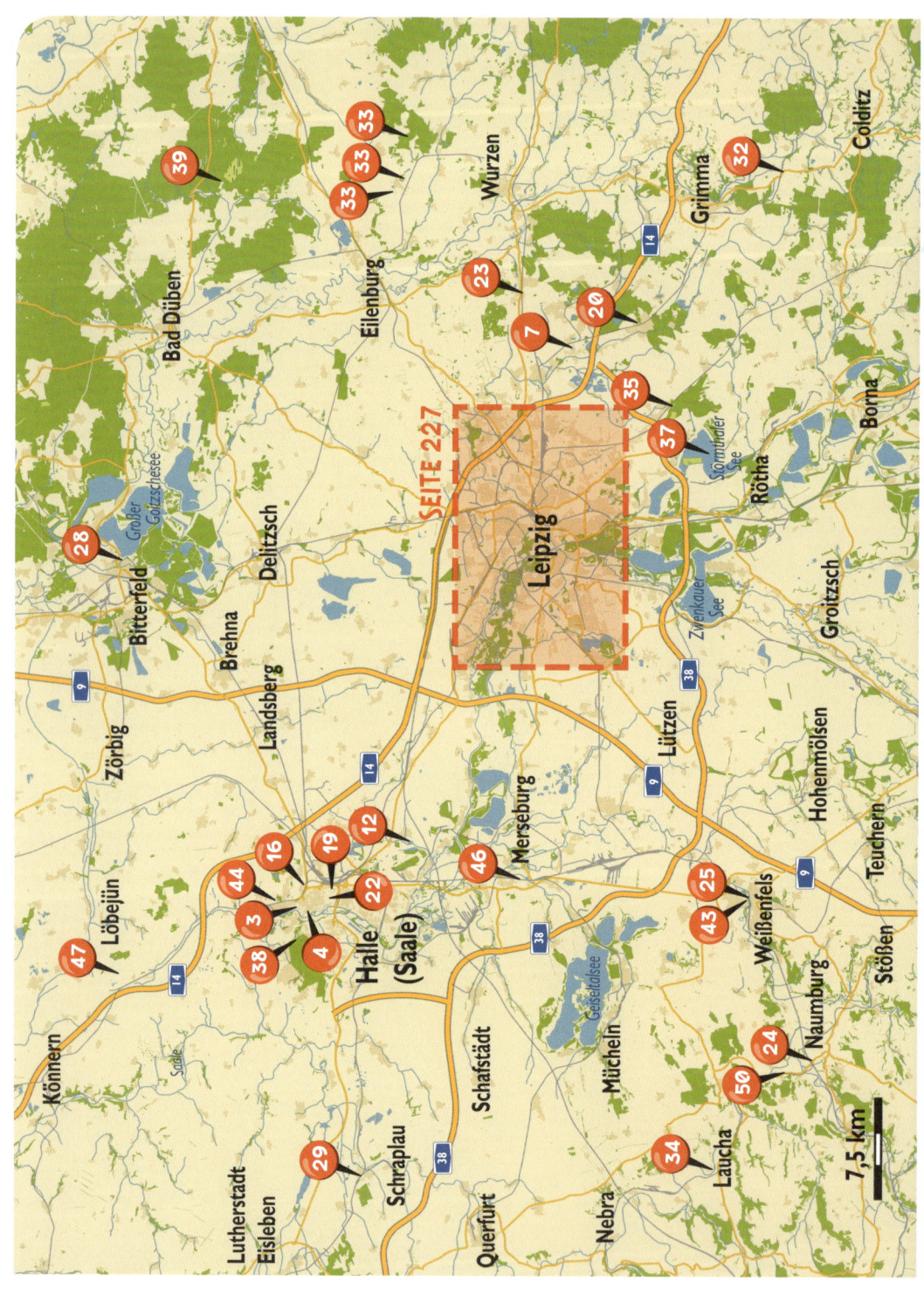

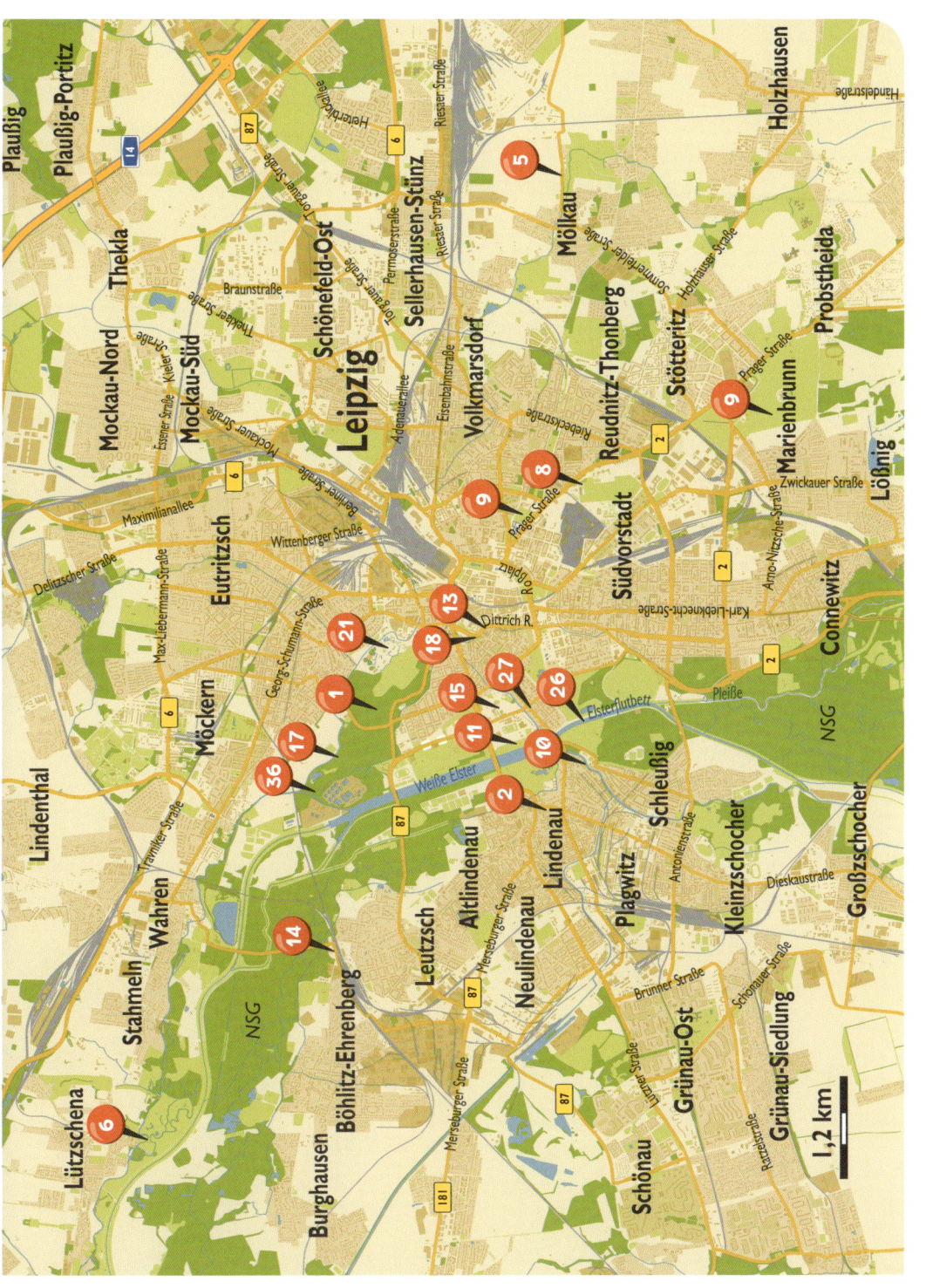

Weiterlesen

Im Leipziger Stadtmagazin »Kreuzer« werden zwar unregelmäßig, aber immer wieder sehr inspirierend neue grüne Ecken in und um Leipzig vorgestellt. Außerdem gibt Leipzig Grün, das Netzwerk für Stadtnatur, jährlich ein Gartenprogramm in Form eines Magazins heraus, welches ebenfalls interessante Touren und Ausflüge empfiehlt.

Geschmackssachen

Die schönsten Cafés am Wegesrand gibt es auf der Eskapade #35 in Störmthal und Dreiskau-Muckern. Nicht nur bio, sondern auch noch mit ganz viel Liebe großgezogen wird das Gemüse im Annalinde Gemeinschaftsgarten, besonderes Highlight sind hier im Sommer die Gartendinner. Den leckersten Kuchen von ganz Sachsen gibt es in Halle im Café Rosenburg, Eskapade #16.

GUT ZU WISSEN …

Ohne Auto

Die meisten Eskapaden sind mit dem Öffentlichen Nahverkehr zu erreichen. Besonders unkompliziert und günstig fährt man mit den S-Bahnen ins Umland von Halle und Leipzig: www.bahn.de oder www.mdv.de. Wer ein Rad oder ein Auto leihen möchte informiert sich am besten hier: www.leipzigmobil.com

Sicherheit & Notfälle

Zentrale europäische Notrufnummer ist die 112 – gebührenfrei aus allen Netzen, auch mobil, erreichbar. Feuerwehr und Rettungsdienste werden so alarmiert.

Vor Ort im Netz

Die besten Adressen im Netz, um auf neue Touren-Ideen zu kommen oder sich generell gut zu informieren sind www.leipziggruen.de, www.verborgenes-leipzig.de und www.leipzig-seen.de

NOCH MEHR ESKAPADEN ...

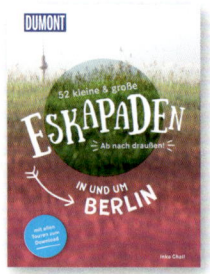
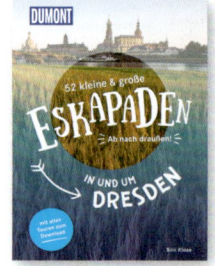
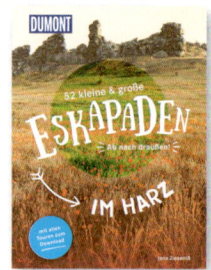

ISBN 978-3-7701-8080-6   ISBN 978-3-7701-8081-3   ISBN 978-3-7701-8072-1

IMPRESSUM

Konzeption Monique Sorban

Projektmanagement Svenja Heinle, Stefanie Lipke, Monique Sorban, Andrea Wurth

Text & Fotos Sylvia Pollex & Thomas Rötting, mit folgenden Ausnahmen: S. 131 l., S. 198 l. (Christoph Busse)

Cover-/Buchgestaltung und Illustrationen Carolin Weidemann, Köln, www.weidemann-design.com

Lektorat & Produktion Verlagsbüro Wais & Partner (Melanie Kattanek, Beate König, Julia Rietsch, Kai Wieland), Stuttgart, www.wais-und-partner.de

Kartografie © MAIRDUMONT, Ostfildern, unter Verwendung von Kartendaten von OpenStreetMap, Lizenz CC-BY-SA 2.0

Herstellung Ramona Lamparth

Alle Angaben ohne Gewähr. Alle Rechte vorbehalten. Das Werk einschließlich aller seiner Teile ist urheberrechtlich geschützt und darf weder kopiert, vervielfältigt, nachgeahmt oder in anderen Medien gespeichert werden, noch darf es in irgendeiner Form oder mit irgendwelchen Mitteln – elektronisch, mechanisch oder in anderer Weise – weiterverarbeitet werden.

Printed in Poland

1. Auflage 2018
© DuMont Reiseverlag, Ostfildern
ISBN 978-3-7701-8074-5

www.dumontreise.de

SYLVIA POLLEX

THOMAS RÖTTING

 ... über die Autorin und den Fotograf

Sylvia hat schon viel von der Welt gesehen. Auf zahlreichen Reisen, aber auch auf den Bildern der von ihr repräsentierten Fotografen. Die kleinen Paradiese vor der Haustür hingegen waren bis vor Kurzem weiße Flecken auf ihrer persönlichen Landkarte. Es war ein großes Vergnügen, den Geheimtipps von Freunden zu folgen, Unbekanntes auszugraben und auf Entdeckungsreise zu gehen. Ihr Lebensgefährte Thomas und ihre beiden Kids waren oft dabei. So wurde die Familientauglichkeit der Touren gleich kompetent erprobt.

Thomas liebt das Abenteuer und die sportliche Aktivität. Immer noch einen Schritt weiter, für ein neues unerwartetes Erlebnis oder eine bereichernde Bekanntschaft. Am Ende sieht man das in seinen Bildern. Seine große Leidenschaft ist das Klettern, was diesem Buch zwei schöne Insider-Eskapaden in die Steinbrüche bei Halle und Leipzig bescherte.

Badespaß pur

Eskapade #18: Wo gibt es die schönsten Badestellen und Strände an den Seen im Leipziger Süden? Diese Radtour um den Cossi und den Markkleeberger See verrät einige.

Feine Flüsschen

Eskapade #24: Das Saale- und Unstruttal zwischen Freyburg und Naumburg mit seinen Weinhängen und Flussauen gehört zu den reizvollsten Landschaften der gesamten Region. Nichts geht über eine Frühlingswanderung durch den Blütengrund, der zum Auftakt der Draußenzeit mit einem kräftigen Blütenregen seinem Namen alle Ehre macht.

5 BESONDERE EMPFEHLUNGEN ...

Schnee von gestern

Eskapade #52: Schnee ist selten geworden in der Leipziger Tieflandsbucht. Aber im höchsten Bergort des Harzes in St. Andreasberg wird man ihn finden, den richtigen Winter. Mit Abfahrtspisten, gespurten Loipen, Rodelhängen, Eiszapfen und verschneiten Wäldern.

Hoch hinaus und tief hinab

Eskapade #47: In den Steinbrüchen bei Löbejün geht beides. Die Kletterer streben in die Höhe, während es für die Taucher in die Tiefe geht.

Absolute Stille

Eskapade #19: Mitten in Halle gibt es einen Ort, der nicht nur eine Zeitreise ins 16. Jahrhundert Italiens verspricht, sondern auch Kraft spendet und einen zur Ruhe kommen lässt – der Stadtgottesacker, erbaut nach dem Vorbild des berühmten Camposanto in Pisa.